異文化コミュニケーションのための日本語会話

跨文化交际日语会话

主　编　刘劲聪
副主编　[日]渡边直子
编　者　[日]桥本司　野原耕介　浅井康子
翻　译　朱　萍　李列珊
插　图　赵子禹

图书在版编目(CIP)数据

跨文化交际日语会话/刘劲聪主编. —北京：北京大学出版社，2012.11
ISBN 978-7-301-21344-5

Ⅰ. ①跨⋯　Ⅱ. ①刘⋯　Ⅲ. ①日语－口语－自学参考资料　Ⅳ. ①H369.9

中国版本图书馆 CIP 数据核字(2012)第 236461 号

书　　　名：	跨文化交际日语会话
著作责任者：	刘劲聪　主编
责任编辑：	兰　婷
标准书号：	ISBN 978-7-301-21344-5/H・3156
出版发行：	北京大学出版社
地　　　址：	北京市海淀区成府路 205 号　100871
网　　　址：	http://www.pup.cn
电　　　话：	邮购部 62752015　发行部 62750672　编辑部 62759634　出版部 62754962
电 子 邮 箱：	编辑部 pupwaiwen@pup.cn　总编室 zpup@pup.cn
印　刷　者：	北京虎彩文化传播有限公司
经　销　者：	新华书店
	787 毫米×1092 毫米　16 开本　11.75 印张　190 千字
	2012 年 11 月第 1 版　2024 年 12 月第 7 次印刷
定　　　价：	38.00 元

未经许可，不得以任何方式复制或抄袭本书之部分或全部内容。
版权所有，侵权必究
举报电话：(010)62752024　电子邮箱：fd@pup.cn

はじめに

　このテキストは、会話能力、異文化コミュニケーション能力の向上を主なねらいとし、実際に日本語学習者が間違えた部分から素材を集め、その間違いを直していくという新しいタイプのものです。対象とする学習者は中級レベルです。

　このテキストを作ることになったきっかけは、日本語会話の授業の打ち合わせの中で、中国人の学生たちと日本語で話す時、言いたいことはわかるけれど、表現になんとなく違和感がある、という話を教師たちが一様に感じたことからでした。その違和感とは、おそらく中国語と日本語という言語上の違いだけでなく、日本人ならばこういうことは言わない、そういう言い方をしないというような些細なことなのではないかと気付きました。そこで、その違和感をどうにか解決できないかと考え始め、より滑らかな異文化コミュニケーションへ向けて舵を取り始めました。そこで行き着いたのが、中国語をそのまま日本語にした表現、また日本語にすると直接過ぎて相手に誤解を与えてしまうような間違いを直していくという、これまでにはあまり考えられなかった方法でした。

　テキストの作成は日本での生活が15年以上の日本文化に精通した中国人と、中国生活が長い中国通の日本人との共同作業です。私達は2007年の9月から毎週会合をもち、そのつど話し合ったことをパソコンにうちこみ、さらにそれに検討をくわえるということを続け、2009年3月からその試用本をお互いの授業で使うようにしました。そして、授業で出てきた問題点をさらに取り入れたのがこのテキストです。

　テキストの本文は中国に駐在員として赴任してきた田中さん夫婦と中国人学生李さんのおもしろおかしい異文化コミュニケーションをテーマに、流れをもったのにしました。ここでは、このテキストを学習した人たちが、すこしでも真実性の高いものにしたわけです。

　テキストというものは、労力のいるわりにはなかなか理想的なものができないものです。私達もこのテキストを作るにあたっては、すくなからぬ時間と労力を費やしました。しかし、理想にはまだまだ遠いものです。これからも、これを一つのステップにし、よりよいものを模索していくつもりです。

　このテキストは中国高等教育「十二五」計画広東外語外貿大学教材プロジェクトに採択されました。

　最後に、編集の過程において有益な助言・ご尽力をいただいた北京大学出版社の蘭婷様に心から感謝いたします。

2012年7月
著者一同

教材の特色

従来どおりのテキストとは違い、実際に日本語学習者が間違えた部分から素材を集め、その間違いを直していくという画期的な内容になっています。

お決まりのシチュエーション会話を覚えるというこれまでの会話学習ではなく、日本人とのコミュニケーションに本当に役立つシラバスになっています。

日本人的考え方、マナーなど、実際の異文化コミュニケーションに必須の情報が満載です。

各レッスンの内容に合った練習問題もロールプレイや穴埋め問題など、さまざまなタイプがあり、充実しています。

かわいいイラストで表現されている主人公李さんが、田中さん夫婦とのコミュニケーションの中で、失敗しながら日本語を上達させていくという、面白みのあるユニークな内容になっています。

主な登場人物

李さん（中国の大学で日本語を勉強している女子大学生、20歳）
田中さん（日本某企業の中国現地駐在員、35歳）
洋子さん（田中の妻、30歳）

目　次

第一課　日本人の家庭への訪問……………………………………………………1
第二課　日本料理店で………………………………………………………………10
第三課　中華料理の作り方…………………………………………………………20
第四課　お見舞い……………………………………………………………………29
第五課　温泉旅行……………………………………………………………………40
第六課　故郷案内……………………………………………………………………50
第七課　留学ビザ申請と税関審査…………………………………………………62
第八課　恋愛相談……………………………………………………………………71
第九課　ビジネス電話………………………………………………………………82
第十課　面接…………………………………………………………………………92
第十一課　誕生日パーティー………………………………………………………101
第十二課　学校案内…………………………………………………………………111
第十三課　友人紹介…………………………………………………………………122
第十四課　送別………………………………………………………………………133
附录一　常用表达……………………………………………………………………141
附录二　日本文化知识………………………………………………………………147
附录三　专栏…………………………………………………………………………169
著者略歴………………………………………………………………………………178

第一課　日本人の家庭への訪問

🔴 【場面設定】

　田中夫妻は中国に駐在しています。李さんは田中さんの奥さんである洋子さんの中国語の先生です。今日は日曜日で、田中さんは李さんを自宅へ招待します。李さんは初めて日本人の友人の家を訪問します。

🔴 【登場人物】

　田中さん、洋子さん、李さん

🔴 【場　　所】

　田中さんの家

　玄関（田中夫妻が李さんをお出迎えします）→お茶の間（三人で話します）→玄関（お別れします）

🔴 【学習項目】

1．玄関からあがる、部屋に通される、手土産を渡す際の言葉
2．家族と友人の紹介
3．お茶を勧めたり、頂いたりする時の表現
4．相手への褒め言葉の使い方

【間違い探し】

（玄関で）

洋子さん：あら李さん、いらっしゃい。

李さん　：こんにちは。

洋子さん：こちらは主人です。

李さん　：初めまして、李です。田中さんを見えて嬉しいと思います。

田中さん：初めまして、田中雅彦と申します。こちらこそ家内がいつもお世話になっております。

李さん　：いいえ、たいしたことないです。

田中さん：本当によくいらしてくれましたね。家内からよく李先生のことを聞いていたので、ずっとお会いしたかったです。

李さん　：これは田舎から連れたお菓子です、つまらないものだ。どうぞ、食べましょう。

洋子さん：まあ、ご丁寧に恐れ入ります、さあ、どうぞ、お上がりください。このスリッパをお使いください。

李さん　：かわいいスリッパですね。靴下のままで着てもいいですか。それとも靴を取らなければなりませんか。

洋子さん：ええ、そのままでけっこうですよ、さあ、どうぞ。

李さん　：じゃあ、入ります。

（茶の間で）

田中さん：どうぞ、こちらに。

洋子さん：どうぞ、お楽になさってください。

李さん　：田中さんのお宅はちゃんと片付いていて、立派で、きれいですね。私の部屋はばらばらになっていますよ。

第一課　日本人の家庭への訪問

洋子さん：さぁ、コーヒー、それとも紅茶になさいますか。日本茶もありますよ。
李さん　：お茶はいいよ。
洋子さん：まあ、中国の方が日本茶が好きだなんて、嬉しいわ。
李さん　：私は日本の文化について、少しでも興味が持っています。
田中さん：そうですか。ところで家内の中国語は少しは上達しましたか。
李さん　：ええ、以前よりずっと発音がよくなったと思います。がんばっていらっしゃいますよ、洋子さんは。

（玄関でお別れ）

李さん　：そろそろお時間ですね。
洋子さん：もっとゆっくりしていったらいかがですか。
李さん　：今日はどうも、招待をくれてありがとうございました。
洋子さん：十分なおかまいもできませんでした。
李さん　：もう帰ります。
洋子さん：またいらしてください。
李さん　：絶対来ます。
田中さん：今度、日本料理でもご馳走させてください。
李さん　：あの時はまたよろしくね。
洋子さん：そうですね、美味しい日本料理の店を知っていますから、今度案内しますよ。
李さん　：期待しています。では、さよなら。

【常用表現】

1. お口に合うかどうかわかりませんが、どうぞ。
2. どうぞ、お上がりになってください。
3. どうぞお楽になさってください。
4. なにもありませんが、どうぞ召し上がってください。
5. お粗末さまでした。
6. あ、もうこんな時間になりました。そろそろ失礼しなくては…。
7. 本日はお招きいただきましてありがとうございます。
8. じゃあ、また遊びに来て下さい。
9. お邪魔しました。
10. 貴重なお時間を頂いて有難うございます。

【日本文化と知識】

日本人の家を訪問するマナー

＜チャイムを押す前に注意すること＞

◎ **約束の時間**

　　個人宅へは、約束の時間より数分～10分程遅れて到着したほうが良い場合もあります（お客様を迎える準備が整っていないうちに訪れるのは避けたい）。早めに着いてしまっても、時間をつぶす位の心づもりの方が良いでしょう。

◎ **おみやげ**

　① 訪問先の家族構成や好みを考えて選びます。
　② そのお宅にお子さんがいるなら、大人も子供も一緒に楽しめる物や、また、大人は大人、子供には別に子供向けのお土産を用意しても良いでしょう。
　③ おみやげを訪問先の方と一緒に食べる場合、その場にはいない家族の分も用意して行くのも心配りのひとつです。
　　「こちらは、○○さんがお帰りになったら、召し上がってください」などと言うと、気が利いています。
　④ すぐに冷蔵庫に入れなければならないような物以外は、玄関で渡さないようにしましょう。

◎ **その他**

　　先方のお宅にお邪魔する場合靴を脱ぐのが一般的なので、靴下は清潔かどうか、夏

は裸足でもいいのかどうか事前に考えましょう。

<ドアが開けられてから注意すること>

◎ **挨拶**

　　お招き頂いたお礼を伝えます。

◎ **靴の脱ぎ方**

　　① 靴を脱ぎ、スリッパを履き、そして靴を揃える……　この一連の動作の順に行います。

　　② 家の方に背中を向けて靴を脱いではいけません。正面を向いて靴を脱いで上がり、次に斜めの向きで膝を突き、靴をクルッと回し隅に置きます。

<部屋に通されてから注意すること>

◎ **改めて挨拶**

　　お部屋に通されたら、ここでも改めて挨拶します。その際には

　　「静かで良い所ですね」

　　「素敵なお部屋ですね」

　　など、場所や相手のセンスを褒める言葉もお伝えすると良いでしょう。

　　その他一般的なあいさつ

　　「こんにちは。いつもお世話になっております」

　　「今日はお目にかかるのを楽しみにしてまいりました」

　　「本日はご招待いただき、ありがとうございます」

◎ **ここでお土産を出す**

　　ご挨拶の後、お土産をお渡しします。選んだ理由をさり気なくお伝えすると良いでしょう。

◎ **和室の場合**

　　上座を勧められるまで、下座で座って待つようにします。その際、座布団から外れて座ります。

　　お部屋でのご挨拶と、お土産を渡す時も、座布団には座らないようにします。

<おいとまするとき>　（帰る準備）

◎ おいとまのタイミングとしては、話が一段落したときや、お茶を入れ替えてもらったときなどに、「そろそろ失礼します」とさり気なく切り出すのが良いでしょう。

◎ 訪問後1～2時間くらいがおいとまの第一時期です。話が盛り上がっているときや、先方が中座から帰ってきた直後などに切り出すのは良くありません。

◎ 「もっとごゆっくり」「お食事でもご一緒に」と引き止められても、よほど親しい間柄でなければ辞退したほうが良いでしょう。ただし、2度、3度と強くすすめられたら、素直にお受けするほうが自然です。

異文化コミュニケーションのための日本語会話

【練習問題】

1. 自分の将来のマイホームの間取りを説明してください。
2. Aさんは中国から来た留学生です。初めて日本人のBさん宅を訪ねています。Bさん宅のことについて、Aさんはいろいろ Bさんに聞いてみてください。
3. Bさんは中国から来た留学生Aさんの大家です。AさんはBさんに玄関先でお土産を渡しながら、引っ越しの挨拶をしてください。
4. 不動産屋で部屋を探すロールプレイ

   A：あなたは日本に留学している大学生です。今、寮に住んでいますが、一人で住みたいのでアパートへ引っ越しを考えています。一か月4万円以下のアパートで、できたらトイレ付がいいと思っています。シャワーもほしいですが、高い場合はあきらめるつもりです。今日は、不動産屋へ行って、希望のアパートがあったら見せてもらってください。

   B：あなたは不動産屋の社員です。今日は学生がアパートを探しにやって来ました。希望を聞いて、共通資料を見せながら条件に合う部屋を紹介してください。

「共通資料」

3万千円（築20年）	4万8千円（築10年）	7万（築15年）
1K／4.5畳	1DK／6畳	2K／6畳・4.5畳
2階建て1階　南向き	2階建て2階　東向き	2階建て2階　北向き
駅徒歩13分	日当たり良好　駅徒歩10分　シャワー・トイレつき敷金2か月／礼金2か月	駅徒歩8分　バス・トイレつき
トイレ共同／バスなし		
敷金1か月／礼金なし		敷金2か月／礼金2か月

【発　表】

日本人の家を訪問するマナーについて発表してください。

【関連語彙】

和室（わしつ）⓪	日式居室
畳（たたみ）⓪	塌塌米
洋間（ようま）⓪	西式房間

第一課　日本人の家庭への訪問

生け花（いけばな）②	插花
床の間（とこのま）⓪	壁龛
障子（しょうじ）⓪	拉门
襖（ふすま）⓪③	隔门
座布団（ざぶとん）②	褥垫
こたつ　⓪	被炉
箪笥（たんす）⓪（クローゼット）②	衣柜
鏡台（きょうだい）⓪	梳妆台
リビング①	起居室
チャイム①	门铃
心づもり（こころづもり）④	心里打算
心配り（こころくばり）④	关心
気が利く（きがきく）⓪	乖巧
裸足（はだし）⓪	赤脚
さり気なく（さりげなく）④	若无其事
上座（かみざ）⓪	上座
下座（しもざ）⓪	下座
間柄（あいだがら）⓪	关系
会釈（えしゃく）①	打招呼，点头
礼状（れいじょう）⓪	感谢信
玄関（げんかん）①	门口
茶の間（ちゃのま）⓪	客厅
お辞儀をする（おじぎをする）⓪	鞠躬
真に受ける（まにうける）④	当真
遠慮する（えんりょする）⓪	客气
四畳半（よじょうはん）②	榻榻米四块半的房间（单人房的面积）
六畳（ろくじょう）②	榻榻米六块的房间（双人房的面积）
主人（しゅじん）①	主人
家主（やぬし）②	户主
大家（おおや）①	房东
管理人（かんりにん）⓪	管理员，房东
間取り（まどり）⓪	布局
一戸建て（いっこだて）⓪	独幢楼房

二世帯住宅（にせたいじゅうたく）⑤	两代复式住宅
フローリング②⓪ 板の間（いたのま）⓪	铺木板的房间
表札（ひょうさつ）⓪	门牌
３ＬＤＫ	三房一厅
４ＬＤＫ	四房一厅
クッション ①	靠垫
オーナー ①	业主，物主

【コラム】

面子と顔

　中国語の「面子」、日本語の「メンツ」は中国でも日本でも同じ意味で使われています。「メンツを立てる（给面子）」，「メンツが丸つぶれになる（面子全丢了）」など他にも同じような表現で使われることが多いです。日本語ではこの「メンツ」はほぼ「顔」という言葉に置き換えられ、中国語の「没面子」も直接的に「顔がない」、つまりメンツがないという意味で共通しています。しかし、中国語では「面子」と「脸」は単語自体を置き換えて使うことはないようで、「没脸」とは言い難く、「没面子」となるようです。まさに同じ「顔」とは言っても使い方にも違いがありますね。

　日本語の「顔」を使った慣用表現にも面白いものがたくさんあります。顔も売ったり貸したり、こうなると「顔」も「名前」の意味にもなっていることがわかるでしょう。

【顔を売る】人に自分を知ってもらおうとすること
　　　　　例）あの歌手はデ.ビューした頃はまだ売れなくて、地方のライブハウスを渡り歩いて顔を売ったらしいよ。

【顔を貸す】頼まれて人に会ったり、人前に出ること
　　　　　例）この企画をどうしても通したいから、先方にあいさつに行くときぜひ顔を貸してもらいたいのですが…

【顔を出す】集まりなどに参加すること
　　　　　例）今日は忙しいから、あのパーティーにはちょこっと顔を出すだけで帰ってくるよ。

【顔を並べる】主要なメンバーが集まって列席すること
　　　　　例）オリンピックだけあって、普段はめったに見られないようなすばらしいアスリートたちが顔を並べています。

【顔が広い】交際範囲が広い、知人が多いこと
　　　　　例）さすが山田さんは顔が広いだけあって、どんな業界の人とも通じていますね。
【顔から火が出る】とても恥ずかしくて赤面すること
　　　　　　　　例）まさか服を裏返しに着ていたなんて…気付いたときに顔から火が出る思いがしたわ。

第二課　日本料理店で

【場面設定】

　　田中洋子さんは、いつも中国語を教えてくれる中国人学生李さんを食事にさそいました。場所は、日本食レストランです。お店に入ると店員がにこやかに挨拶してきました。

【登場人物】

　　李さん、洋子さん、レストランの店員（中国人アルバイト）

【場　　所】

　　レストランに入り席に着く→注文する→クレームを言う→お勘定をする

【学習項目】

　　1．料理を注文する時の言い方
　　2．注文間違い、長時間待たされた場合のクレームの言い方
　　3．勘定の表現
　　4．ご馳走になった場合のお礼の言い方

【間違い探し】

（店の入り口で）

店員さん：いらっしゃいませ。二人の方ですか。
洋子さん：二人です。
店員さん：こちらを座ってください。
洋子さん：ああ、ここは涼しくて気持ちがいいですね。ここにしましょうか。
李さん　：ええ、いいです。でも、あちらのテーブルのほうが広いですよ。
洋子さん：ああ、そうですね。じゃ、あそこにしましょう。

（注文をする）

店員さん：これはメニューでございます。ご注文をしてください。
洋子さん：今日はなんでも好きなものを注文してくださいね。
李さん　：私は何でもいいよ。
洋子さん：李さんは魚料理と肉料理とどちらがいいですか。

李さん　　：どっちでもいいです。
洋子さん：そうですか。（店員に）あの、今日のおすすめ料理は何ですか。
店員さん：さしみの盛り合わせです。
洋子さん：それを一つお願いします。李さん、他に何か食べたいものがありますか。
李さん　　：ええと、私は天ぷらでいいです。でも日本料理はよく分からないので、適当にしてください。

（クレーム）

店員さん：やきとり盛り合わせです。
李さん　　：あの、すみません、さしみの盛り合わせを忘れましたか。
店員さん：忘れていませんよ。これは盛り合わせでしょう。
李さん　　：注文したのは、やきとり盛り合わせではないんですけど。
店員さん：ごめんなさい。すぐに確認してきます。

（20分後）

洋子さん：すみません、注文した天ぷらまだですか？
店員さん：申し訳ございません。まだ来ませんか、すぐ送りします。

店員さん：あのう、今から製造しますので、あと20分くらいかかるそうですが。
李さん　　：えっ、今から作るんですか。もう待ちませんよ。
店員さん：本当に申し訳ございません。

（お勘定）
洋子さん：日本料理はどうでしたか。
李さん　：まあまあおいしかったです。ごちそうさまでした。
洋子さん：お勘定お願いします。
店員さん：はい、ありがとうございます。少々お待ち下さい。
李さん　：今日は本当に誘ってくれて、ありがとうございました。とても楽しかったです。今度は私が中華料理をおごりますから、食べてつれていきましょう。広州料理のレストランに案内させてください。
洋子さん：ありがとう。楽しみにしていますね。

【常用表現】

1. 好き嫌いはありませんので、何でもだいじょうぶです。
2. それでは、いただきます。
3. 初めてなのでどうやって食べたらいいか、教えていただけますか。
4. お口に合うでしょうか。
5. お嫌いなものはありますか。
6. 温かいうちにどうぞ。
7. またぜひご一緒させてください。
8. ごちそうさまでした。とてもおいしかったです。
9. もうかなり待っているんですが、あとどのくらいかかりますか。
10. すみません、このお料理は頼んでいないんですが…。

【日本文化と知識】

食事に誘われた時のマナー

① もし、用事があって誘いを断る時→丁寧に断る表現を使おう
「お誘いありがとうございます。」と誘いに対する感謝を述べてから、「残念ですが…」と相手が納得する具体的な理由を伝えましょう。

② 和風料理の基礎マナー

〈割りばしの割り方〉

箸を両手で水平に持ち、右手で箸の中ほどを手元に引いて割ります。割った箸先をこすり合せるのは失礼です。

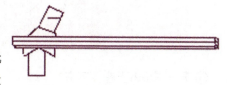

〈箸置がなかったら〉

箸袋を千代結びにして、箸置き代りにします。

〈さしみの食べ方〉

しょうゆの小皿は手にとって食べないと、しょうゆをたらす危険があります。さしみとつまは交互に食べるのがマナーです。

〈にぎりずしの食べ方〉

手で食べる場合

・親指と中指ですしの両腹をはさみ、人差し指を向こう側へかけて、すしを手前へ引き起こします。

・ネタを下に向けて、醤油を少しつけて食べます。

箸で食べる場合

すしの中ほどを箸ではさみ、横に倒すようにして、タテに醤油をつけます。

〈一尾づけの魚の煮付け（あじ）の食べ方〉

・頭のほうから、箸で身をとりながら食べます。表側の身を食べ終わったら、尾のついたままの骨を身からはがし、頭の下で切り離して向こう側へ置きます。

・今度は裏側の身に箸をつけます。魚は決して裏返して食べないこと。煮汁がまわりにはねる恐れもあるからです。ワタは、骨などと一緒にまとめておきます。

③ テーブルの上座、下座

和室では、「床の間」を背にして一番近い席が上座。

洋室では、入り口から一番遠い席が上座。
　中華料理では大皿盛りが基本。その際、最も献立が立てやすいのが、四角い卓なら6～8人、丸卓なら10～12人ぐらいです。
　席次については、最年長の人や主客を上座に迎えるくらいで現在ではほとんどうるさくいいません。主人側は、主客と向かい合った席にすわり、他の客は適当にすわります。
　中華料理の上座とは、普通南向きの席、つまり北側とされていますが、入り口から最も遠い場所、高層レストランなどなら最も見晴らしのよい場所に決めます。
　④ 会計について
　中国ではテーブルまで店員が勘定を持ってきますが、もし出口で支払う場合、ご馳走される人は出口の外側など少し離れて待っているのがマナーです。支払いを終えて出てきたら「ご馳走さまでした。」「おいしかったです。」など、感謝や喜びをきちんと伝えます。
　⑤ 日を改めて、再度お礼を
　翌朝の朝など次回会った時には、「昨日はご馳走さまでした。」「先日はご馳走さまでした。」など、再度お礼を言います。
　また、遠方の人ならば、簡単な葉書やメールなど、礼状を書くと良いでしょう。

> **割り勘文化**
>
> 　中国や韓国などでは「今日は私がおごる」などと言わなくても、暗黙の了解のようなものがあります。
> 　日本人同士では、友達同士、また年上の人と一緒でもよく知っている仲間では、「お互いの負担なくきっちりする」、という考え方からか、食事代を人数で割る「割り勘」が普通です。ただし理由があって食事を誘うときには誘った側がご馳走する場合が多いです。

【練習問題】

1. 例えば以下のような場合、あなたが店員（ウェイター、ウェイトレス）だったらどう相手に話しますか？聞きますか？
　① 客が注文した料理を食べている時に、あなたに「この料理は味がない。」と言ってきた場合。
　② 客の注文した料理の中に髪の毛が入っていたので、客が怒りだした場合。
　③ 客が注文した料理を、間違えて隣のテーブルの客に持っていってしまった場合。
　④ 客が閉店時間を過ぎても、まだ店の中に残っている場合。
　⑤ 客が会計の計算が違うと文句を言ってきた場合で、客の方が計算ミスをしている場合。

2．例えば以下のような場合、あなたが友達だったらどう相手に話しますか？聞きますか？

① 相手がまだお腹いっぱいになっていない感じがする場合。

② 相手に食べ物だけではなく、飲み物も勧めたい場合。

③ 自分が欲しい料理の値段が高いので、御馳走してくれる相手に頼みにくい場合。

④ 自分が御馳走する時に、相手が払うと言ってきた場合。

　（日本の習慣では？中国の習慣では？）

⑤ 相手に好き嫌いを聞く場合。

　（相手が大丈夫と答えた場合も、引き続き、相手の好き嫌いを聞く場合。）

⑥ 二者択一の場合、AよりもBの方が食べたいと相手に伝える場合。また逆に、相手に料理の二者択一の選択をしてもらう場合。

3．ロールカード

① 注文と違うものが来た。

A：あなたは洋食のレストランで友達と食事をしています。スパゲッティを注文したはずなのに、ステーキが運ばれてきました。店員に自分は頼んでいないと苦情を言ってとりかえてもらってください。

B：あなたは店員です。注文を聞き間違えてしまったようです。お客様に事情を説明し、謝ってどうしたらよいか考えて、お客様に対応してください。

② 高すぎる！？

A：あなたは後輩と居酒屋に行き、飲んだり食べたりしました。今日は後輩におごろうと思って、会計をお願いしたところ、店の人に1200元と言われました。どう考えてもこんなにかかるとは思えません。今日はあまりお金も持ってきていません。店の人に文句を言ってください。

B：あなたは店員です。レジで会計を計算したら1200元という数字が出ました。そんなはずはないとお客さんに文句を言われ困ってしまいました。どうしたらよいか考えて対応してください。

③ 誘ってみよう！

A：あなたは、中国人の李さんです。前回日本で今田さんに日本料理をご馳走してもらいました。今回は今田さんが広州に遊びに来ているので、広東料理をご馳走してあげようと思い、食事に誘いました。お店に案内し、好みを聞いて料理を注文し、説明してあげてください。ここは広州で、中国の習慣もあるので、ぜひ自分が御馳走したいということを伝えて、お勘定をしてください。

B：あなたは李さんの友人で、日本人の今田さんです。Aさんから前回のご馳走のお礼だといって、食事に誘われました。あなたは辛いものが食べられません。注

文する時にはそのことを李さんに伝えてください。そして、お勘定の時には、日本の習慣で、割り勘にして、自分もお金を半分払いますと李さんに伝えてください。

4. しりとり

日本の食べ物の単語（50個以上）を学生に各自で覚えてもらい、授業のときにいくつのクループを分けてしりとりをします。決まった時間内に単語を多く言ったほうが勝ちです。

【発　表】

日本料理を食べる時のマナーについて発表してください。

【関連語彙】

日本料理（にほんりょうり）④	日本料理
天ぷら（てんぷら）⓪	天妇罗
焼き鳥（やきとり）⓪	烤鸡肉串
牛丼（ぎゅうどん）⓪	牛肉盖浇饭
親子丼（おやこどん）⓪	鸡肉鸡蛋盖浇饭
煮物（にもの）⓪	煮的菜
とんかつ⓪	炸猪排
茶碗蒸し（ちゃわんむし）②	蒸鸡蛋
冷奴（ひややっこ）③	凉豆腐
そば①	荞麦面
うどん⓪	乌冬面
お造り（おつくり）⓪	生鱼片
酢の物（すのもの）②	醋拌凉菜
定食（ていしょく）⓪	份儿饭
セット料理（せっとりょうり）④	套餐
【西餐】	
スパゲッティパスタ③①	意大利面
サラダ①	色拉
ステーキ②	烤牛排
ハンバーグ③	汉堡牛肉饼

フライ ⓪	油炸食品
スープ ①	羹汤
シチュー ②	炖肉
カレーライス ②	咖喱饭
デザート ②	甜食
ワイン ①	葡萄酒
ウイスキー ②	威士忌酒
カクテル ①	鸡尾酒
【味覚】	
甘い（あまい）②	甜
辛い（からい）②	辣
すっぱい ③	酸
さっぱり ③ している	清淡
こってり ③ している	正味道浓
油っこい（あぶらっこい）⑤	多油
しょっぱい ③	咸
苦い（にがい）②	苦
とろとろ ① している	粘糊糊
舌 ② にとろけそうな ④（したにとろけそうな）	溶化
香ばしい（こうばしい）④	香
なめらかな ②	光滑的
スパイシー ②	有香料味的
まろやかな ②	温和的
おすすめ料理（おすすめりょうり）⑤	推荐的烹调
看板料理（かんばんりょうり）⑤	招牌烹调
特別料理（とくべつりょうり）⑤	特别烹调
テーブル ⓪	饭桌
カウンター ⓪	柜台
個室（こしつ）⓪	单间
奥の席（おくのせき）④	里面的座位
手前の席（てまえのせき）⑤	前面的座位
窓側の席（まどがわのせき）⑥	靠窗的座位

【コラム】

「嫌い箸」

食事中に不快な気持ちや不潔な印象を与える箸の使い方

◎ ねぶり箸…箸についたものを口でなめる。
◎ 箸渡し…箸と箸で食べ物を渡す。火葬の後で死者の骨を拾う動作で縁起が悪い。
◎ そら箸…食べようとして箸でとったが、元にもどすこと。
◎ 刺し箸…食べ物を箸で突き刺してとること。
◎ 迷い箸…何を食べようかと皿の上で迷うこと。
◎ じか箸…大皿に盛られた料理を自分の箸で取り分けること。
◎ にぎり箸…箸をにぎりしめて持つ持ち方。
◎ 二人箸…食器の上で二人一緒に料理をはさむ。

「食べ残し」

中国料理では食べ切ることは不足を意味して食べ残すことがマナーですが、日本では食べ残すことが失礼に当たります。

第三課　中華料理の作り方

● 【場面設定】

　洋子さんに日本料理をご馳走になったかわりに、李さんが田中夫妻のために中華料理を作ることにしました。今日は李さんのアパートで酢豚を作ります。李さんは中華料理の腕前を披露しました。田中夫妻が李さんに中華料理の作り方を教わりました。

● 【登場人物】

田中さん、洋子さん、李さん

● 【場　所】

李さんのアパート

● 【学習項目】

1．料理の作り方や手順を説明する表現
2．人を褒める言い方
3．中華料理を説明する表現

第三課　中華料理の作り方

【間違い探し】

洋子さん：今日はどんな料理を作ってくれるんですか。
李さん　：酢豚なんですけど、洋子さん嫌いですか。
田中さん：えーっ、李さん酢豚、作れるんですか。すごいですね。
李さん　：そんなに難しくないよ。私は料理がまあまあ上手です。
洋子さん：じゃ、早速教えてください。
李さん　：はい。洋子さんは何もしないでください。
洋子さん：どうやって作るのかとても楽しみです。
李さん　：では、早速始めましょう。まず、豚肉を片栗粉に入れて濡れます。中華鍋で油を沸かして、豚肉を油に入れます。豚肉を揚げながら、ピーマンや、玉ねぎやパイナップルなどを小さく切って混ぜ、準備しておきます。
洋子さん：豚肉はどれぐらいの大きさに切ればいいんですか。
李さん　：個人の好きに合わせて切ってもいいですが。
洋子さん：一口サイズでもいいんですか。
李さん　：そうですね。あまり大きく切らない方がいいと思います。大きすぎると、油で揚げる時に、火がよく回らないことがありますので。

（作りながら）
李さん　：材料はここにあるものですが、まず豚肉は味を入れます。普通は紹興酒を使います。
洋子さん：紹興酒が家にない場合にはどうすればいいですか。
李さん　：紹興酒がなければ白酒か日本酒でもいいですよ。それから、醤油、ゴマ油少し、そして卵の白身をかけておきます。この時に塩、胡椒をする場合もあります。
洋子さん：それならだいたい日本のどの家庭にもありますね。

李さん　：次に片栗粉をつけてお肉を油で揚げます。揚げる前に、片栗粉をつけてカラっと揚げます。人参は電子レンジで熱くするだけでいいんです。他の野菜は油にニンニクを入れて、炒めます。じゃ、やってみましょう。それから…。

（テーブルで）

洋子さん：李さん、おつかれさま。わー、おいしそう。

李さん　：はい、おいしいです。洋子さん、どうぞ。

洋子さん：では、いただきます。中国で本場の酢豚が食べられるなんてうれしいです。あー、おいしい。李さんって本物の料理人みたいですね。

李さん　：ははは、みんなそう言いました。肝心なことはこれからです。調味汁を準備します。材料は、砂糖、塩、酢、醤油です。

田中さん：おいしそうだな、本場の酢豚を食べられるなんて。

李さん	：豚肉が涼しくならないうちに食べるのが最高に美味しいですよ。
洋子さん	：この料理を作るとき、何か注意することはありますか。
李さん	：そうですね、玉ねぎを切るときは、半分か4分の1に割ってから一枚一枚はがして、なるべく均等な大きさに切ってくださいね。大きく切ったのではダメです。それに、たけのこも入れないと、もの足りません。
田中さん	：さすが李さん！本場の中華料理ですね。
李さん	：いいえ、そうじゃないです。母の方がもっと上手です。今度は洋子さんが日本料理の作り方を教えてくださいね。

【常用表現】

1. まず、鍋に水と野菜をいれて、沸騰させます。
2. それから、スープの素を入れて、野菜が柔らかくなるまで煮ます。
3. 最後に、塩を少し入れたら、出来上がりです。
4. 牛肉を食べやすい大きさに切り、玉ねぎは薄切りにします。
5. 鍋に油を入れ、牛肉と玉ねぎを炒めます。
6. かき混ぜすぎないようにしてください。
7. 蒸すときはタイマーをかけて、時間を正確に計ってください。
8. みりんが無い場合は、砂糖で代用してもかまいません。
9. 冷蔵庫で冷やして、固めます。
10. 中まで火が通ったかどうか、確認しましょう。

【日本文化と知識】

日本の中華料理

　中華料理は、当然のことながら世界中にも有名で、多くの人々に愛されています。アメリカの人気テレビドラマの中でも、大学生たちが餃子をテイクアウトして食べる姿が見られるように、世代を問わず大人気です。一度日本に行ったことがある人ならばきっと気がついたと思いますが、日本にも中華料理のお店はたいへん多く、屋台のラーメン屋さんから、高級宮廷料理のお店まで幅広いメニューを楽しむことができます。
　現在日本で食べられている中華料理は、もちろん中華料理をもとにして作られていますが、材料や調理法が大きく変わり、日本独自の料理となっているものがあります。これらは

和食とは区別され中華料理としての扱いを受けています。日本は歴史的に中国から影響を受けてきましたが、江戸時代に中国と交流があった長崎を除き、中華料理を一般の人々が食べるようになったのは大正から昭和にかけてです。それらの料理はその伝播の過程で徐々に日本人の味覚に合うよう変化していきました。

　また、日本で食べる中華料理はおいしいだけでなく、とてもおもしろい現象もあります。例えば≪天津丼≫というメニューについてですが、日本ではなじみのある野菜やお肉が入った蟹玉あんかけ卵とじ丼は、実は天津出身の人によると、地元にも中国全土にもそのような名前のメニューは無いというのです。日本人にしてみると、その名前から、天津の名物料理、あるいは昔からある伝統料理だと思ってしまいます。下に例を挙げますが、中国人が中国で食べる中華料理と、日本人が日本で食べる中華料理の違いや、発祥の歴史など、新たな中華料理の魅力を感じずにはいられません。中国人の方々が日本の中華料理のお店に入ったら、中国にいるときには食べたこともない料理にめぐり合えるかもしれません。

- ラーメン—中国の麺料理に由来するが、全く別物の独自料理となった。「中華麺」という日本独特の麺を使うのが特徴。
- 担担麺—本来の四川料理では小さな椀に入った汁なし担々麺が主流。日本の担々麺はラーメンに近い形に変化している。
- 長崎ちゃんぽん、皿うどん - 長崎で生み出された中華料理。
- 餃子—日本においてニンニクを入れるなどの独自のアレンジを加えられ一般化した。日本では餃子は主食ではなく、おかずのひとつとして数えられる。
- 野菜炒め—中華料理の肉野菜炒めが日本の一般家庭向きに簡素化されたもの。日本では一般的に数種類の野菜を使って色とりどりに仕上げる。

【練習問題】

1. 空欄に料理に使う言葉を下から選んで入れてみましょう。
    ① にんじんを一口サイズに＿＿＿＿＿＿＿＿＿＿。
    ② フライパンにサラダオイルを＿＿＿＿＿＿＿＿＿＿。
    ③ 魚を蒸す前に表面に＿＿＿＿＿＿＿＿＿＿。
    ④ まず生姜を＿＿＿＿＿＿＿にして、それから生姜汁を搾り出す。
    ⑤ 鶏肉は油でカラッと＿＿＿＿＿＿＿＿＿＿。
    ⑥ 出来上がったら＿＿＿＿＿＿＿＿にしたキャベツを添えて＿＿＿＿＿＿＿。
    ⑦ 下味をつける時あらかじめ鶏の胸肉には＿＿＿＿＿＿＿＿＿＿。
    ⑧ もち米は前の夜から＿＿＿＿＿＿＿＿＿＿。
    ⑨ あくがでてきたら玉じゃくしで＿＿＿＿＿＿＿＿＿＿。

⑩ 卵を割って、＿＿＿＿＿＿＿＿＿＿。

切れ目を入れる	引く	すくう	揚げる	千切り
スライスする	かき混ぜる	水につける	盛る	
塩をまぶす	みじんぎり			

2. 日本人と中華料理を食べに行くとします。メニューを見たり、隣のテーブルに並んでいるお料理を見たとき「〇〇ってどんな料理ですか」と聞かれました。簡単に、そして適切にその料理を説明してみましょう。中国各地の名物料理などよく知られている料理名を挙げてみましょう。

（ポイント）

　　日本語で表現しにくいメニューの場合もあるでしょう。そんな場合は以下の三つの文頭部分を右にを使ってみましょう。「白切鶏」を例に挙げてみます。
　　① ピンイン読み　　　バイチェジー
　　② 日本語読み　　　　しらきりどり　しろきりとり
　　③ 日本語訳　　　　　茹で鳥の冷菜（ゆでどりのれいさい）

（説明例）

　　中国語では「バイチエジー」といいますが、広東ではとても有名な家庭料理の一つです。新鮮な鶏を丸ごとなべで茹で、取り出した後、一口サイズに切ります。そしてしょうゆやお好みのたれで食べる、とても素朴な料理です。

3. 中日料理対決

　　一般的にいうと日本人は中華料理をよく食べます。そのため中華料理の名前もよく知っています。中国では日本料理といえば「寿司」というのが定番のようですが、ほかにもおいしいものがたくさんあります。ここではある素材を取り上げ、その素材を使った中日両国の料理を比べてみましょう。同じ素材でも作り方によってこんなに違うという例や、とてもよく似ている例をインターネットや雑誌などで調べてみてから、発表し合いましょう。

　　例）豚の挽肉を使った料理　中国＝餃子　日本＝ハンバーグ
　　　　卵を使った料理　　　　中国＝卵とトマトの炒め物　日本＝茶碗蒸し
　　　　白菜を使った料理　　　中国＝八宝菜　日本＝お漬物

4. ロールプレイ

　　A：あなたは阿部という日本人で、出張で初めて広州に来ています。今日の夕食は通

訳の張さんに案内してもらい、中華料理の店に入りました。メニューは中国語で書いてありますので、さっぱり分かりません。張さんに何が美味しいか聞いてください。

B：あなたは日本語を勉強している中国人学生です。アルバイトで阿部さんという日本人の通訳をしています。今日の夕食は阿部さんを案内することになりました。食卓で阿部さんに中華料理の特徴、作り方などを紹介して、美味しい料理を薦めます。

【発　表】

中華料理の作り方を一つ詳しく紹介してください。

【関連語彙】

調理場（ちょうりば）⓪	厨房
流し台（ながしだい）⓪	（厨房里的）洗涤台，洗涤池，洗涤槽
湯沸し器（ゆわかしき）	热水器
オーブン①	烤炉
電気ポット（でんきポット）④	电热水瓶
フライパン⓪	平底锅，长柄平锅
中華鍋（ちゅうかなべ）④	炒菜锅
圧力釜（あつりょくがま）⓪④	压力锅，高压锅
まな板（まないた）⓪③	切菜板
自動皿洗い機（じどうさらあらいき）	自动洗碗机
魔法瓶（まほうびん）②	热水瓶
テーブルクロス⑥	桌布
ワイングラス④	酒杯，葡萄酒杯
箸立て（はしたて）②③	筷筒
オーブントースター⑤	烤面包炉
食用油（しょくようあぶら）	食用油
サラダオイル④	色拉油，冷餐油，生菜油
味醂（みりん）⓪	料酒
味の素（あじのもと）③	味精
香辛料（こうしんりょう）③	辛料

カレー ⓪	咖喱
胡椒（こしょう）②	胡椒
からし ⓪	芥末
山葵（わさび）①	日本芥末
クリーム ②	奶油
片栗粉（かたくりこ）④③	小粉
たれ ⓪	调料
かつおぶし ⓪	调味用松鱼
胡麻味噌（ごまみそ）⓪	芝麻酱
トマトケチャップ ④	番茄沙司
ジャム ①	果子酱
調理方法（ちょうりほうほう）④	烹调方法
ういきょう ⓪	茴香
八角（はっかく）④	八角
ちょうこう ①	丁香
ちんぴ ⓪①	陈皮
山椒（さんしょう）⓪	山椒

【コラム】

「ドキドキ」と「ドキッと」

　毎日の会話の中で意外と多用されているのは、擬音語や擬態語のような会話にリズムをつける言葉でしょう。「あー、お腹がペコペコだ」「お腹がグーっていってるよ」というのは、単に「お腹が空きました」よりもっと具体的な情況を表し、直接的に相手に訴える表現だといえます。

　そんな擬態語表現も間違えて使っては意味がないので、ここぞというときにぴったりの言い方ができるようになりたいものです。よく使われる例ですが、「ドキドキ」と「ドキッと」は同じ「ドキ」とはいえ、使い方が違います。「スピーチ大会で大勢の人の前に出たときドキドキした」、そのドキドキはスピーチの前から終わるまで続いていた緊張感で心拍数が早くなっているような状態を表しています。つまり「続いている」状態です。そんな中、スピーチが終わり審査員の質問が始まり、続けてドキドキしているとき、ある審査員から予想外の質問をされました。そんな場面に出くわしたらそのときは「ドキッと」したはずで

す。つまり「ドキッと」したのは質問を聞いたときの瞬間、「えー、どうしてそんな質問を出すのー？」という驚きと焦りを「一瞬に感じた」状態です。

　上手に使えば相手との会話もはずむでしょう。中国語と比較したり、楽しみながら覚えたいものですね。

　＜ゾクゾク＞と＜ゾクッと＞
　　「あ～熱があるのかなあ、体がゾクゾクするよ」（阵阵发冷）
　　「すごくキモい男に笑顔で手を振られてゾクッとしちゃった」（起鸡皮疙瘩）

　＜パタパタ＞と＜パタッと＞
　　「風でドアがパタパタ音を立てている」（叭哒叭哒）
　　「読んでいた本をパタッと閉じて立ち上がった」（啪嗒）

　＜ぐるぐる＞と＜ぐるっと＞
　　「この時計はレトロなものだから手巻きのネジをぐるぐる回して使うんだよ」
　　　（上表的发条）
　　「公園の周りをぐるっと一周ジョギングしてきた」（绕公园一周）

　＜さらさら＞と＜さらっと＞
　　「やっぱりさらさらの黒髪は美人の条件だよね」（松散的）
　　「誰もそのことについて触れたくないから、さらっと言っておけばいいよ」（素淡地）

第四課　お見舞い

【場面設定】

　　洋子さんから李さんに電話があり、中国語の授業をお休みしたいと言ってきました。理由を聞くとご主人が肺炎のため入院したということです。李さんはそれを聞いて驚き、すぐ洋子さんを慰めました。そして田中さんのお見舞いに行きたいと伝えました。週末、李さんがお見舞いの品を持って病院へ行きました。

【登場人物】

李さん、洋子さん、田中さん

【場　　所】

① 洋子さんと李さんの電話　　② 病院（田中さんの病室）

【学習項目】

1．病状の説明
2．元気付ける、慰める言い方
3．お見舞いの表現

【間違い探し】

①
李さん　　：もしもし、洋子さん、こんにちは。
洋子さん：こんにちは、李さん。ちょっと急な事があったので、明日の中国語の授業をお休みさせていただきたいんですけど…。
李さん　　：あ、そうですか。…洋子さん、何かありましたか。声に元気がないですけど…
洋子さん：実は、昨日急に主人が入院したんです。
李さん　　：それは残念ですね。ご主人は大丈夫ですか。
洋子さん：まだこちらの気候に慣れなかったようで、風邪をひいていたのに我慢していたら夜中に熱が40度を超えてしまって…病院へ行ったら、肺炎だと言われて入院することになってしまったんです。
李さん　　：そうですか、それは大変でしたね。洋子さんは面倒をみなければなりませんね。私はお見舞いに行きます。
洋子さん：ありがとう、李さん。私も病院にいますので、ご迷惑でなければ…。
李さん　　：迷惑なんか、私たちはいい友達でしょう。どこの病院、病室は何番ですか。
洋子さん：中山大学付属病院の内科一棟203号室です。
②
李さん　　：田中さん、こんにちは。調子はどうですか。顔色は良くなさそうですよ。
田中さん：あ、李さん。わざわざこんなところに…すみません。おかげさまでずいぶん良くなりました。
洋子さん：熱も下がったので、お医者さんももう心配ないとおっしゃってくれました。

李さん　　：思ったより悪くないですね。聞いたときもう生命の危険かと思いました。これ、プレゼントです。
洋子さん：あら、きれいなお花、すみませんね、李さん、お気を遣わせて…。
田中さん：仕事が多すぎてなかなか休めなかったので…。
李さん　　：私も勉強が忙しいとき徹夜します。ゆっくり休んだ方がいいです。

洋子さん：はい、ありがとうございます、李さん。
李さん　　：それではそろそろ失礼いたします。いつも注意してくださいね。
田中さん：今日は本当にありがとう、李さん。
洋子さん：李さん、お気をつけて。
李さん　　：それでは、また。

【常用表現】

1. 入院なさっていると聞き、とても驚きました。
2. インフルエンザにかかったとお聞きしました。
3. 手術は成功し、術後の回復も順調とお聞きし、とても喜んでおります。
4. 気分はいかがですか。
5. このごろのご容態はいかがですか。
6. 具合はいかがですか。

7．一日も早いご回復をお祈りいたしております。
8．一日も早く退院なさいますように。
9．十分にご静養下さい。
10．ご回復を心よりお祈り申し上げます。

【日本文化と知識】

お見舞いするときのマナー

　病院に見舞う場合は入院後4、5日経ったころ、手術の2、3日後くらいに、家族の方に電話などで面会が可能かどうか、病状はどうかを確認してからにします。電話で会うのが無理なようならお見舞いは控え、回復に向かって安定した時期に入ってからに。特に避けるべきことは、大勢で押しかけたり子供連れで伺うことです。もちろん、面会時間は必ず守るのが原則で、時間帯は午後の安静時間を過ぎたころが無難です。入院の話をうかがった場合、すぐにお見舞いに行ってはいけません。必ず相手の容態を確かめてからうかがうようにしましょう。適当な時期としては、回復に向かうようになってからが良いです。

＊お見舞いの服装
　病院へ面会に行く際は注意が必要です。派手すぎるものや強い香水を身につけていくことはマナー違反です。また、雰囲気を暗くするような服装も適当ではありません。明るく清楚、清潔な服装を選ぶようにします。女性の場合、肌の露出が多い服装は避けた方が無難です。

＊お見舞いの話題
　お見舞い時の話題として、あまり病状について聞きすぎることはタブーとされています。世間話を10分ほどしたら帰るようにしましょう。話がはずんだとしても病人への気遣いを忘れてはいけません。お見舞いに行けば病人は疲れてしまうと考えた方が良いです。

＊お見舞いの品
　一般的にはお見舞いには花か果物を持っていくことが多いですが、日本では親しい人のお見舞いに行くとき熨斗袋（のしぶくろ）にお金を入れて渡すこともあ

・大人数で押しかけない

ります。花を持っていく時には注意が必要です。以下にマナーとしてお見舞いに持って行ってはいけない花を挙げてみました。

＊お見舞いのタブー

同室の患者さんたちに迷惑をかけないよう、大人数で押しかけることは控えます。派手な服装や黒っぽい服装は避け、明るい色のシンプルなデザインのものを選ぶと良いでしょう。歩くときに床に音が響く靴や、強い匂いの香水も避けます。大声は同室の患者さんたちにも迷惑ですから、小声で静かに話しましょう。大笑いするなどもってのほかです。

病状や治療内容を詳しく尋ねたり、生半可な医学知識をひけらかしたりしてはいけません。また、「すぐに良くなりますよ」などの無責任な言葉も慎みましょう。

病気のときは誰でも気分が落ち込みがち。「頑張ってください」という励ましの言葉は、時に逆効果になってしまうこともあります。代わりに「お大事になさってください」

「お仕事のことはしばらくお忘れになって、ご静養ください」

「一日も早く復帰なさるのを、職場のみんなで待っています」

などの言葉をかけてあげると良いでしょう。

◎お見舞い品の選び方

お見舞いの品は本人に希望を聞くのが一番ですが、それができない場合は、相手の趣味に合わせた雑誌や書籍、CD、ゲームなどが喜ばれるでしょう。その他、入院生活に役立つ寝巻きやガウン、タオルなどもお見舞い品に適しています。

病状によっては食事制限もあるため、お菓子や果物などは控えたほうが良いでしょう。

花はお見舞いの品として一般的ですが、意外にタブーが多いもの。次に挙げるような花をうっかり贈ってしまわないよう、気をつけてください。

- 鉢植えの花──「根付く」ことから「寝付く」につながるとされる。
- シクラメン──「死」や「苦」を連想させる
- 真っ赤な花一色のみ──「血」を連想させる
- 菊や白い花──弔事に用いられる花であるため、「不幸を待っている」ように思われる
- 百合などの香りの強い花──気分が悪くなる
- 椿──花がポトリと落ちて、不吉な印象を与える
- 芥子──花びらが散りやすいことから、「命が散る」ことを連想させる

花瓶がないことも考え、オアシスを使ったアレンジメントフラワーを贈ったり、小さな花瓶とセットにして花束を贈るのも良いでしょう。このとき、花の本数が「死」や「苦」を連想させる4本や9本にならないように気をつけてください。

お見舞金のマナー

お見舞いにお金を包む場合、金額は4と9を避けて、大体3,000円から多くても10,000円程度です。友人・知人や仕事関係者なら3,000円〜5,000円、家族・親戚なら5,000円〜10,000円を目安に、相手との関係や親しさの度合いに応じて包みます。ただし一般的に、目上の人に現金を贈るのは失礼に当たりますので注意してください。

お見舞金は、紅白結び切りの水引をかけたのし袋に入れ、「御見舞」の表書きと氏名を書いて贈るのが正式ですが、贈る金額によっては、表書きや水引が印刷された市販の封筒を用いても構いません。

お見舞いの品にのし紙をかける場合も、同様に紅白結び切りののし紙に、「御見舞」の表書き（目上の人に贈る場合は「御伺」）と氏名を書きます。

▲現金を贈る場合（のしなし）

▲お見舞い用（のしなし）

果物を持っていく時にも注意が必要。日本と中国では果物の種類も違いますが、共通して言えるのは、相手の病状を知ってから買うのが常識だということ。お腹や胃腸が悪い人に果物を持っていくのは避けたほうが良いようです。病状によっては食べ物の制限があるので、家族の人に聞ける場合は聞いても良いでしょう。花と同じように匂いが強いもの、食べると体を冷やしたり、逆に温めたりするようなものは避けます。日本ではメロンが高級な果物というイメージがあり、お見舞いに持っていくことがよくあります。梨は中国では縁起が悪いとされているので、このような事情は常に考える必要があるでしょう。病院で食べることを想定して、洗えばすぐ食べられるようなものは喜ばれます。りんごやオレンジはどこにでもある果物ですが、一般的に好き嫌いなく誰でも食べられる点ではお見舞いに適しています。ドリアン、ライチ、マンゴーのような南方の果物は腐りやすく嫌いな人もいるので避けたほうが良いでしょう。果物屋さんにあるお見舞い用のバスケットに入ったセットも、新鮮かどうか確認したほうが良いと思います。

お見舞いの品として喜ばれるものはタオル、寝間着やガウン、スリッパなどの闘病中の必需品。また、軽く読める雑誌や本、写真集、スケッチブックと色鉛筆、レターセットなども退屈しのぎになるので好まれます。

【練習問題】

1．次の各問のうち、正しいものには○を、間違っているものには×をつけましょう。
　1．入院の報告を受けたら、すぐに飛んでいく。（　　）
　2．お見舞いに行く際は、黒っぽい色の服がふさわしい。（　　）
　3．お見舞いに花束を持って行く場合、4本、9本不吉とされている本数を贈るのはタブー。（　　）
　4．面会時間は午前中の方がいい。（　　）
　5．面会に行く際は派手すぎるものや強い香水を身につけていくことはマナー違反。（　　）
　6．お見舞いなので携帯電話の電源を切る必要はない。（　　）
　7．できるだけ高価な果物をお見舞いには持っていく。（　　）
　8．花はお見舞いの品として一般的で、赤いバラは病人への愛を込めてよく選ばれる。（　　）
　9．入院している上司のお見舞いに行った時、ちょうど担当のお医者さんが診察に来た。そんなときは病室から出て、診察が終わった後再び病室に入る。（　　）
　10．元気が出るように"頑張って"と何度も応援するべき。（　　）

2．ロールプレイ
＜日本人の知人に「一緒に病院へ行って通訳してほしい」と突然言われたら…＞
　日本人の知人が中国に住んでいるとき、病気にかかったり、ケガをして病院にいくこともあるかもしれません。そのような時、あなたは通訳を引き受けることもあるでしょう。ここでは、中国人の医者と日本人駐在員の間の通訳の練習をしましょう。3人で一組になって、それぞれ中国人医師、日本人駐在員、中国人大学生になってもらいますが、下記のような順序で会話をしてみましょう。関連語彙などを参考に、病名や症状など、または注意することなどを的確に伝えてください。

　手順1：＜A:日本人駐在員と B：中国人大学生の会話＞
　　　　まずBはAに症状を聞きます。あとで病院へ行ったときに医師に聞かれそうなことをあらかじめ聞いておきます。
　　　　　＊どこが痛むのか（具体的な体の部分）
　　　　　＊いつから痛むのか（今朝から、夜中からなど）
　　　　　＊どんなふうに痛むのか（時間を置いて痛む、ずっと苦しい、ヒリヒリ、ズキズキ、ガンガンなど）
　　　　　＊そのほか医師に伝えたい内容など
　手順2：＜A:日本人駐在員、B：中国人大学生、C：中国人医師の会話＞

　　　　　CがAに伝えたいことを中心にできるだけスムーズに通訳します。
　　　　　　＊病名
　　　　　　＊治療方法（検査、注射、点滴、投薬、入院など）
　　　　　　＊ほかにAからCへの質問があれば聞く
3．次の症状に合う言葉をA～Fの中から選んで（　　）に書きましょう。
　　①せきがでる（　　　　　　　　　）
　　②頭が痛い（　　　　　　　　　）
　　③寒気がする（　　　　　　　　　）
　　④胃の調子が悪い（　　　　　　　　　）
　　⑤微熱が出る（　　　　　　　　　）
　　⑥やけどをする（　　　　　　　　　）
　　A．ゾクゾクスル　　　　　　B：ふらふらする／ボーッとする
　　C：ガンガンする／ズキズキする　D：ヒリヒリする
　　E：コンコン／ゴホン　　　　F：ムカムカスル（吐き気がする）／キリキリ痛む
4．ロールプレイ

> あなたは日本語教師で、名前は清水（しみず）です。中国人で知り合いの黄さんが怪我をして、入院してしまいました。お見舞いに行きたいと思っています。中国ではお見舞いの時にどのようなマナーや習慣があるか、学生の陳さんに尋ねてみてください。

> あなたは中国の学生で、名前は陳です。清水先生から中国のお見舞いの習慣やマナーを聞かれました。1．お見舞いに行く時の服装　2．お見舞いの品　3．タブーと言われている事　4．病院の面会などについて　説明してあげてください。

【発表】

日本人の見舞いのマナーついて発表してください。

【関連語彙】

危篤（きとく）⓪	病危
持病（じびょう）⓪	老病
リューマチ⓪	风湿病
癌（がん）①	癌
腫瘍（しゅよう）⓪	肿瘤
破傷風（はしょうふう）⓪	破伤风
風邪（かぜ）⓪	感冒
インフルエンザ⑤	流感
肺結核（はいけっかく）③	肺结核
ちょうカタル③	肠炎
肺炎（はいえん）⓪	肺炎
下痢（げり）⓪	泻肚
腹痛（ふくつう）⓪	腹痛
吐き気（はきけ）③	恶心
はやり目（め）⓪	流行性结膜炎
中耳炎（ちゅうじえん）③	中耳炎
虫歯（むしば）⓪	虫牙
湿疹（しっしん）⓪	湿疹
水虫（みずむし）⓪	脚癣
しもやけ⓪	冻疮
しゃっくり①	打嗝儿
頭痛（ずつう）⓪	头痛
目まい（ぬまい）②	眩晕
日射病（にっしゃびょう）⓪	中暑
貧血（ひんけつ）⓪	贫血
寒気（さむけ）③	发冷
怪我（けが）②	外伤
やけど⓪	烧伤、烫伤
おたふく風邪（かぜ）④	腮腺炎
特効薬（とっこうやく）③	特效药
漢方薬（かんぽうやく）③	中药

飲み薬（のみぐすり）③	内服药
塗り薬（ぬりぐすり）③	外敷药
風邪薬（かぜぐすり）③	感冒药
解熱剤（げねつざい）③	退烧药
鎮痛剤（ちんつうざい）③	镇痛药
解毒剤（げどくざい）③	解毒药
下剤（げざい）⓪	泻药
錠剤（じょうざい）⓪	药片
丸薬（がんやく）⓪	丸药
粉薬（こなぐすり）③	药面儿
煎じ薬（せんじぐすり）③	汤药
膏薬（こうやく）⓪	药膏
軟膏（なんこう）⓪	软膏
絆創膏（ばんそうこう）⓪	氧化锌软膏、白胶布
アスピリン ⓪	阿斯匹林
ペニシリン ⓪	青霉素
血止め（ちどめ）⓪	止血剂

【コラム】

風邪の民間療法

　風邪については漢方医学では六つの邪と分類されています。風、寒、暑、湿、燥、火という六気（ろっき）は自然界の気候変化にあたるもので、この過不足によって引き起こされる疾病因子（しっぺいいんし）としてそれぞれ風邪、寒邪、暑邪、湿邪、燥邪、火邪と呼ばれ。風は春に良く吹くので春の主気といわれ、四季を通して現れます。風と寒、風と湿、風と燥、風と火は合併して病邪（病の原因）となります。発病する時期と症状は、どの疾病因子と合併するか、またその比率によっても異なってきます。ここでは民間療法を取りあげていますので大きく三分類して話をすすめることにします。風邪は寒と結びついた「風寒」（ふうかん）、熱や燥と結びついた「風熱」（ふうねつ）、湿と結びついた「風湿」（ふうしつ）のパターンが考えられます。

風邪の漢方医学的分類

	病　因	症　状
風寒	風と寒により体表や肺の機能が犯される。	冬など寒い季節にみられるが、夏の冷房によって起る場合もある。冷えの症状が見られる。寒気、悪寒、鼻水、頭痛、筋肉痛、関節痛、悪寒と発熱が起る。
風熱	風と熱により咽喉や肺の機能が犯される。	夏など温暖な季節にみられるが、冬の暖房によって起る場合もある。のどの痛みと腫れ、副鼻腔の乾燥や炎症、口渇、鼻水、痰悪寒は少なく発熱が起る。
風湿	暑さと湿気で肺や脾胃（ひい）の消化機能が犯される。	気温や湿気の高い夏季にみられる。頭重、全身のだるさ、吐き気、嘔吐、腹満、食欲減退などの胃腸症状。冷たいものを過度に摂取すると季節を問わず起る場合がある。

風邪の治療原則

	治療原則	食物・薬草
風寒	辛温性のもので、寒邪を体表から発散させる。	しょうが、ねぎ、ニンニク、シソの葉、酒、みかんの皮、桂皮（けいひ）
風熱	風と熱により咽喉や肺の機能が犯される。	大根、ナシの皮、白菜の根、ごぼう、味噌、葛粉
風湿	暑気（しょき）を払い、湿気を除く。	にがうり、すいか、緑豆（りょくとう）、薄荷、スイカズラ

第五課　温泉旅行

【場面設定】

　　李さんと洋子さんは広東省の一泊二日温泉旅行へ行くことになりました。今日は旅行会社で旅行の問い合わせをしています。日本人観光客を取り扱っている旅行会社の王さんが応対しています。

【登場人物】

洋子さん、李さん、旅行会社の王さん

【場　　所】

旅行会社の接客カウンター

【学習項目】

1．旅行プランを立てる言い方
2．旅行の申し込み
3．客の要望に対しての適切な助言

【間違い探し】

王さん　　：いらっしゃいませ。何かお手伝うことがありますか。

洋子さん：はい。あのう、来月の連休に二人で温泉に行きたいんですが、今からでも宿がとれるでしょうか。

王さん　　：連休ですか。あいにく有名な温泉はどこも満員ですね。もしお客様さえよろしければ、伝統的な食事が食べられ、実際に当地での生活を経験できるプランもございますよ。

洋子さん：いいえ、けっこうです。ホームステイよりはホテルか旅館に泊まりたいです。

王さん　　：では、まだ予約が承れるホテルか旅館をご紹介いたします。御旅行中の移動は、飛行機と汽車の二つからお選びいただけますが、どちらの方がよろしいでしょうか。

李さん　　：いや、なるべくバスで移動できるところがいいんですが。ここから近いどこかの温泉レストランに泊まりたいんです。

王さん　　：はい、かしこまりました。では、お望みのところはございますか。

李さん　　：そうですねえ。広東省で長い間いて、できれば他の省へも行ってみたいです。でもやはり近い方がいいので、省内で、なるべくバスで1、2時間でいけて、景色も綺麗なところがいいですねえ。ご会社にはどんな温泉旅行がありますか。

王さん　　：はい。全部の旅費はいくらかかる予定ですか。

李さん　　：1泊2日で…そうですね…予算は1人あたり300元ぐらいまでですね。

王さん　　：かしこまりました。少々お待ちください。

（プランを調べてから）

王さん　　：お待たせしました。ちょうどぴったりなのがありました。こちらは宿、食事、交通費込みのパック旅行で、298元になります。まだご予約の方も承れます。

李さん　　：ああ、良かった。

洋子さん：それで、温泉の場所はどの辺ですか。

王さん　　：広東省の従化というところです。バスで一時間半もかかります。

洋子さん：それはけっこう近いですね。

王さん　　：それに、宿はそんな大きくはないのですが、宿の近くの店の中に、おいしいものがいっぱいあります。さらに、温泉のすぐそばには川があり、有名な山もあり、自然のあるところですよ。従化温泉につかると、お肌もさらさらになりますよ。

李さん　　：いいですねえ。洋子さん、じゃ、そこにしましょうか。

洋子さん：そうですね。では、その温泉でよろしくお願いします。

王さん　　：ありがとうございます。それでは、ご予約を承ります。○月○日、2名様、従化温泉1泊2日、宿、食事、交通費込みの298元になります。

洋子さん：あ、そうだ。中国で温泉に入る時には、何か注意事項がありますか。

王さん　　：そうですね。日本とは違って、中国では水着を着て温泉に入るんですね。

洋子さん：水着を着るんですか、なんか変な感じ…

李さん　　：日本では水着を着ないんですか。すっぽんぽんはいやよ！

洋子さん：ところで、着替えをするところはあるんですよね？

王さん　　：自分の衣服をロッカーで取り替えます。

心配要りませんよ。
洋子さん：では、出発時刻と場所を教えてください。
王さん　：集合場所はこのビルの前で、朝8時、チェックインです。
李さん　：ガイドがありますか。
王さん　：他に観光するところがあまりないから、ガイドがありません。その他に、何かご不明な点がございますでしょうか。
洋子さん：いいえ、大丈夫です。大体分かりました。
李さん　：洋子さん、温泉に入るのが今からとても楽しみですね。

【常用表現】

1. 調べてみますが、何かご希望は？
2. それでは、ご予約を承ります。
3. お客様のお名前とお電話番号をどうぞ。
4. 予約のキャンセルをおねがいしたいのですが…。
5. ツインルームは朝食付き、税別で1泊8000円でございます。
6. 何時ごろご到着されますか。
7. ご予約状況を確認の上、ご連絡させていただきます。
8. ご旅行参加申込書にご記入ください。
9. 原則として2名1室のツインルームのお部屋を2名様でご利用いただくことになっております。
10. 万一の事故については、弊社および主催会社は一切の責任を負いません。旅行保険に必ずご加入ください。

【日本文化と知識】

一、入浴のマナー

以下の4つは温泉協会からの一般的な入浴マナーとして知らされています。
1. 入浴前には体を洗う。
2. 浴槽に飛び込まない。
3. 浴槽にタオルを入れない。
4. 浴場から脱衣場へは濡れたまま出入りしない。

その外に
◎ **飲食をしない**

　　信じられないことですが、実際にガラスコップの甘酒を浴室で飲んだ方がいました。この方に関しては、以後、外来入浴をお断りいたしました。なぜ断られたか認識していないかも知れませんけれど。

◎ **夏以外の時期に、浴室の窓を開けない。**

　　浴室内が暖かいこと、浴室の床が暖かいことが温泉の魅力です。それが楽しみでお越しいただいている方もいらっしゃいます。湯気を抜くために一番高いところの窓を少し開けてあります。中には全ての窓を開けっ放しにして出てしまう方がいますが、こうなるとほかの客様に迷惑をかけます。どうしてもという方は露天風呂をご利用いただきたいと思っています。

◎ **脱衣場に湯桶を持ち出さない**

　　二度目に入ると別の桶を持ち出し、三度目も更に別の桶を持ち出す。自分だけが湯桶を使うわけではないのです。

◎ **露天風呂で石鹸やシャンプーを使わない**

　　露天風呂には石鹸やシャンプーを当然置いてありません。しかし、内湯から持ち出されてしまうことが"まれに"あります。

二、風呂好きな日本人

　風呂は日本人の日課であり、一日の疲れを癒すのに欠かせません。海外ではシャワーのみで、浴槽内で体を洗う国が多いようですが、日本人は湯につかるのが一般的です。そのため、海外のホテルに日本人の団体旅行客が泊まりに来た際、湯の供給が追いつかなくなったという話も聞くほどです。反対に、日本を訪れた外国人が、一般家庭の風呂では家族皆同じ湯を使う習慣を知らず、入浴後風呂の栓を抜いてしまうことも多いようです。

　また風呂は娯楽でもあります。全国に数千余りある温泉やヒノキ風呂や打たせ湯、石風呂など様々な種類の風呂を集めた施設が大人気です。人々は風呂に浸かりながら親しい友人や家族と談笑し、時には酒を飲み、良い気分になります。

　人生の最初の沐浴〔もくよく〕は産湯であり、死後は湯灌〔ゆかん〕によって清められます。この他、平安時代以降の公家などは、引越しや婚儀、病気が回復したり新年を迎えた際には決まって入浴しました。宗教的、文化的通過儀礼としても湯を浴びることは、日本人にとって重要視されてきたようです。

　このように日本人は様々な面で風呂好きといえますが、海外にも風呂好きな人々はいます。ヨーロッパでは、紀元前数世紀のローマ帝国時代から共同浴場が存在しました。当時は

蒸気風呂で、体を洗うというよりは医療目的で使用されていました。トルコでは、「ハマーム」と呼ばれるサウナが古くからありました。「体を清潔に保つことを務めとする」イスラム教の信仰と、ローマ風呂の伝統が混ざり合って広まり、17世紀中頃にはイスタンブール市内に約15000のハマームが存在しました。人々は大掛かりな蒸気風呂で汗を流し、世話係にマッサージや体を洗ってもらいました。更に演劇まで行われ、社交場として利用されたこのハマームは、日本の江戸期の銭湯と共通するものがあります。

三、日本人にとってのお風呂（温泉、銭湯）

日本人にとってお風呂（温泉、銭湯）とは？
1．体をきれいにする場
2．心身ともにリラックスする場
3．最も落ち着く憩いの場
4．近所の人や友人との交流の場
5．友人を作り、さらに仲良くなるための付き合いの場
6．ストレスを発散し、精気を養う静養の場
7．遊んだり、趣味で楽しんだりする娯楽の場
8．1日の生活の中で、最もリラックスした状態で、明日からの生活を考える自分の部屋のような場

以上のように、日本人にとってお風呂は様々な意義があり、ただ体をきれいにする場ではないということがよく分かるでしょう。その他お風呂に関する習慣として、家族なら最初から最後まで同じ湯を使ってお風呂に入ります。特に老人の考え方の中には、「一番風呂は体に悪い」という考え方があり、若者がお風呂に入った後で、老人がお風呂に入った方が、体にいいというものです。銭湯や大衆浴場では、お風呂のお湯を清潔に保つために、お風呂のお湯を循環させる機械を使って、同じ湯を何度も浄化し、浄化したお湯を再び風呂場へ戻すというシステムを取っている場所が多いです。お湯が清潔に保たれていることが分かれば、外国の人も安心してお風呂に入れるでしょう。しかし温泉や銭湯には様々な人が来るので、他人の病気が伝染するということも昔はよくありました。現在では、お風呂を消毒したり、殺菌したりするので、そのような伝染病が発生しないようになりました。気が進まない人は、旅館の各部屋にある個人風呂で、ゆっくりと温泉を楽しむこともできます。

【練習問題】

1．ロールプレイ
　＊場面設定：以前教育実習で中国の大学に来た日本人教師から、再び個人旅行で中国

へ遊びに来たいというメールをもらいました。メールの内容にちょっとわからないところがあり、先生の中国での予定を確認したいと思い、電話してみました。以下の空欄に適当な表現を入れてください。

A：田中先生　　B：中国人学生　劉さん

A：劉さん、お久しぶりですね。わざわざお電話いただいてすみません。
B：「　　　　　　　　　　　　　　　　　　　　」（①あいさつ）
A：さっそくですけど、今ホテルの予約をどうすればいいか困っていて…
B：私でよろしければ、お手伝いいたしますが。
A：そうですか、よかった、助かります。5月の連休に合わせて行きたいんですが…
B：はい、5月1日からですよね。
　　「　　　　　　　　　　　　　　　　　　　　」（②ステイする日数を聞く）
A：4泊5日くらいを予定しています。市内のホテルは高いですよね。
B：そうですね。ちょっと調べてみましたが、
　　「　　　　　　　　　　　」（③ホテルのレベルや種類、大まかな宿泊料を説明）
A：結構高いですね…
B：「　　　　　　　　　　　　　　　」（④大学のゲストハウスを紹介）
A：いいですね、それ。じゃ大学のゲストハウスを予約してもらえますか。
B：わかりました。先生、もう一度確認させていただきますが、「　　　　　　　」
　　（⑤滞在日、日数、人数などを確認）
A：はい、間違いありません。劉さん、すごく助かりました。どうもありがとう。お会いできるのを楽しみにしていますね。クラスメートの皆さんによろしくお伝えください。何かあったらまたメールしてくださいね。
B：「　　　　　　　　　　　　　　　　　　　　」（⑥最後のあいさつ）

2．ロールプレイ

　＊場面設定：アルバイトしている会社の上司が日本へ出張します。ホテルの予約を頼まれたので、東京のホテルに直接電話して部屋をとります。ホテルのフロント係の人とうまくやりとりができるように、空欄の中に適切な表現を入れてみましょう。

A：東京ヒルトンホテル・フロント係の佐藤さん
B：中国人学生　林さん

A：はい、東京ヒルトンホテルフロントの佐藤でございます。
B：「　　　　　　　　　　　　　　」（①あいさつ、自分を名乗る）
A：お世話になっております。「　　　　　　　　　　」（②用件を聞く）
B：実は、「　　　　　　　　　　　」（③部屋を予約したいと告げる）
A：かしこまりました。

「　　　　　　　　　　　　　　　　　　」（④日程、上司の名前、連絡先等を聞く）
B：「　　　　　　　　　　　　　　　」（⑤日程、上司の名前、連絡先等教える）
A：はい、それではご確認させていただきます。
　「　　　　　　　　　　　　　　　　　　　　　　　」（⑥復唱する）
B：はい、それで結構です。
　「　　　　　　　　　　　　　　　　　　」（⑦電話を切る前のあいさつ）
A：「　　　　　　　　　　　　　　　　　」（⑧最後のあいさつ）

3．比べてみよう

① 中国と日本には同じように温泉がありますが、その特徴や様式、効能、また訪れる人たちの目的などにもさまざまな違いがあるでしょう。温泉、温泉旅行、お風呂などについて、中国と日本にはどんな違いがあるか話し合ってみましょう。

② 国内旅行と海外旅行、どちらが好きですか。

③ 旅行中の交通手段は、飛行機と列車のどちらが好きですか。

④ パック旅行と自由旅行、どちらが好きですか。

4．プランを立てよう

短期出張で日本から広州に来た日本人ビジネスマンが、広州周辺の町へ日帰り旅行したいと言っています。あなただったらどのようなプランを立てますか。広州から日帰りでいける郊外の町を定め、一日のスケジュールを立てて説明してみましょう。

例）清遠日帰り旅行

スケジュール：

8時　　広州からバスで出発

9時半　清遠着　渓流下りに挑戦

12時半　昼ごはん　名物の清運ニワトリを食べる

14時　　市内観光

15時　　お土産を買って広州へ戻るバスに乗る

旅費：一人280元

ガイド料：一人15元

【発　表】

日本温泉（有名な温泉、温泉に入るマナー）を紹介してください。

【関連語彙】

レクリエーション ⓪	娱乐
道楽（どうらく）⓪	嗜好
修学旅行（しゅうがくりょこう）⑤	毕业旅行
船旅（ふなたび）⓪②	乘船旅游
帰省（きせい）⓪	回家探亲
周遊（しゅうゆう）⓪	周游
散策（さんさく）⓪	散步
漫ろ歩き（そぞろあるき）④	漫步
遠出（とおで）⓪	远游
遠足（えんそく）⓪	野游
ハイキング ①	徒步旅游
ピクニック ①②	郊游
ドライブ ②	（驾驶汽车等）兜风
登山（とざん）①⓪	登山
キャンピング ①	露营
花見（はなみ）③	观赏樱花
観菊（かんぎく）⓪①	赏菊
月見（つきみ）⓪③	赏月
紅葉狩り（もみじがり）⓪③	观赏红叶
茸狩り（きのこがり）⓪	采蘑菇
潮干狩り（しおひがり）③	赶海
狩り（かり）①	狩猎
涼み（すずみ）③	纳凉
夕涼み（ゆうすずみ）③⓪	纳晚凉
甘酒（あまざけ）⓪	甜米酒
癒す（いやす）②	解乏
浴槽（よくそう）⓪	澡盆
ヒノキ風呂（ひのきぶろ）④	砂盆浴
談笑（だんしょう）⓪	谈笑
沐浴（もくよく）⓪	淋浴
産湯（うぶゆ）⓪②	婴儿初浴
銭湯（せんとう）①	公共浴池

あとの祭り

　中国語では「船到江心补漏迟」（船が河の中央に来てから穴を直そうとしてももう遅い）というものがありますね。

　時期を逸してしまい、手遅れになること。また失敗に気づいたときには後悔しても遅いことをいいます。日本語の「あとの祭り」の由来は、祭りのすんだあとに祭り見物に行ってもつまらないことから、このように使われていますが、この「祭り」とは京都の有名な「祇園祭り」から来ています。

　祇園祭は7月17日から24日まで行われますが圧巻は、17日に祇園ばやしとともに山車が十数台が繰り出します。これを「前の祭り」と呼び、24日に車が還ってくることを「後の祭り」と呼びます。祭りがすんだあとの山車や祭礼用具は何の役にも立たない、という意味から前の意味が出てきたようです。

　例文：
　　A子：試験勉強すすんでる？
　　B男：うーん、まあ直前になったらやろうと思って。
　　A子：えー、でもこの試験落ちたら留年でしょ。後悔してもあとの祭りだよ。今のうちからきちんと準備したほうがいいよ。

第六課　故郷案内

【場面設定】

　李さんは週末を利用して故郷に帰ることにしました。洋子さんも行ってみたいということなので、故郷を案内することにしました。

【登場人物】

洋子さん、李さん

【場　所】

広州で（故郷を説明）、故郷で（案内）

【学習項目】

1．ふるさとの紹介
2．ガイドとして日本人を故郷へ案内する時の表現
3．観光地、歴史旧跡の説明

【間違い探し】

（出発前）
李さん　：洋子さん、週末に故郷へ帰るから授業をしません。
洋子さん：ああ、そうですか。李さんの故郷はたしか広東省の海沿いの町でしたね。
李さん　：はい、スワトウといいます。
洋子さん：ここからどのくらいかかるんですか。
李さん　：7時間だけです。
洋子さん：そうですか。スワトウってどんな町なんですか。
李さん　：あんまり有名な町じゃないから言ってもわからないでしょう。海しかないです。
洋子さん：わあ、海ですか…なんか行ってみたくなりました。
李さん　：いっしょに行きたいんですか。週末はひまですか。
洋子さん：え、いいんですか。はい、私のほうは大丈夫です。じゃ、楽しみにしていますね。

（現地で）
洋子さん：わあ、海が見えます。広州とはずいぶん違いますね。
李さん　：そうですね。広州みたいにめちゃめちゃになっていませんね。
洋子さん：李さん、スワトウっていいところですね。わたしの故郷とは景色が全く違うんですが、気分もリラックスできますね。
李さん　：洋子さんの家は田舎ですか。
洋子さん：そうですね、わたしの故郷は長野県というところで、海がないんですよ。その代わり山が美しいところです。

李さん　　：長野ですか。冬のオリンピックの開催地だったところですね。きっと洋子さんの故郷には有名な観光地も多いかもしれませんが、ここは観光地がぜんぜんないです。だからおもしろくないですよ。

洋子さん：でもきっとこの地方独特の文化があるんでしょうね。スワトウの伝統や習慣、特産品について少し教えていただけますか。海鮮料理が有名なんですよね。

李さん　　：ええ、それにスワトウには工夫茶という伝統的な茶芸があります。

洋子さん：茶芸ですか。日本にも茶道がありますが、似ているんでしょうか。

李さん　　：日本の茶芸は面倒が多すぎます。工夫茶は茶道に比べるともっと日常的なもので、スワトウでも潮州でもこの習慣があります。工夫茶を飲む時、緑豆餅などを食べます。緑豆餅は日本のお餅のようにベトベトしていません。

洋子さん：そうなんですか。あとでちょっと拝見してもいいですか。それに海鮮料理もすばらしいそうですね。楽しみです。

李さん　　：ぜひ一度召し上がってください。じゃ洋子さん、行きましょうか。それからここには潮州陶器と呼ばれる大変有名な工芸品があります。父が潮州地方の伝統的な陶器だから洋子さんにあげると言いました。大きくて立派できれいな壺です。

洋子さん：そんな高価なもの、とんでもありません。お気を遣わないでください。

李さん　　：父がぜったい洋子さんが日本へ持っていきますと言っています。

洋子さん：ありがとうございます。お気持ちだけで十分うれしいです。

李さん　　：持って帰らないですか。

洋子さん：今日はお気持ちだけで…。お父様によろしくお伝えいただけますか。

李さん　　：そうですか。伝統の工芸品ですから残念でした。

洋子さん：今日はご案内していただいてありがとうございました。

李さん　　：もし好きなら、また来てくださいね。

【常用表現】

1. ここでしか買えない名産品です。
2. 汽車で22時間、飛行機だと3時間半かかります。
3. 長距離バスで○○という町まで行き、そこからローカルバスに乗り換えます。
4. 私の故郷は都会と違って、空気が新鮮で、景色もきれいで、水も美味しいです。
5. 故郷は自動車産業で発展した町なので、日本の自動車メーカーの工場も多いです。
6. もしよろしければ私の実家にご案内したいのですが…。
7. 近くに○○という観光地がありますが、行ってみましょうか。
8. もしお疲れでなければ、これから○○というところへご案内したいのですがいかがですか。
9. ここでは○○ができますが、体験してみませんか。
10. 次に○○をご案内しようと思いますが、その前にちょっと説明させていただきます。

【日本文化と知識】

故郷を案内するときのマナー

　まず自分がガイドになったつもりで、相手に故郷に興味を持ってもらうことが大切です。自分の故郷が有名な町ではないと思う人が多いでしょうが、逆に言えば故郷が有名都市だという人は少ないでしょう。広州市民といえども、実際に住んでいるのはその多くが地方出身者です。故郷がたとえ小さな町でも、有名な観光地がなくても、必ず何か特徴があるでしょう。そこをうまく引き出して紹介すれば心に残る旅になるはずです。日帰り旅行ができるような近いところの場合もあれば、汽車とバスを乗り継ぐようなところもあるでしょう。故郷が遠い場合を想定すると一泊旅行になるかもしれません。そんな時、実家の家族はわざわざ日本から来てくれたお客さんに家に泊まるように言うでしょう。しかし、初めての土地で、いきなり知人の家族がいる実家に泊めてもらうのを遠慮する人もいます。そんな時は相手や家族の立場も考えて、うまくとりもたなければなりません。もし事前に実家に泊まるとわかっていれば、相手もそれなりの準備があるので、出発前にはっきり話しておいた方が良いです。家を訪ねる時おみやげを持っていくのが日本人の習慣なので、知らせていないと困惑してしまう場合もあります。また、日本人がホテルに泊まりたいと言い出した場合なども想定する必要があります。そんな時には以下の表現も参考になるでしょう。

　　＊「両親がぜひうちにお泊まりくださいと言っておりますので、いかがでしょうか。」
　　＊「もしよろしければ、ぜひうちに泊まってください。」

＊「家族が○○さんにお会いするのを楽しみにしていますので、実家にお連れしてもよろしいでしょうか。」
＊「町の中心にいかなければホテルがないので、ちょっと遠くなりますが…。」
＊「近くに招待所がありますけど、ホテルほど設備が整っていません。」
＊「ご遠慮なさらずに、一泊だけですからうちに泊まってください。」
＊「習慣が違うでしょうから、もし困ったことがあったらすぐ言ってください。」

＜故郷を上手に紹介しよう＞

故郷の特徴をできるだけわかりやすく相手に伝えるためには、さまざまな工夫が必要になります。

＊地理を説明

今いる場所から故郷までの具体的な距離を数字で表現したり、東西南北を使って地図上での大体の位置を説明してみましょう。

例）「広州から南に300キロ離れたところです。」
　　「地図で見ると中国大陸の最も南に位置します。」
　　「北京から南に150キロ下ったところです。」

＊特徴を説明

中国は地方によって文化、気候、習慣、言葉等が異なるため、故郷の特徴をさまざまな面から考えて説明しましょう。

例）「私の故郷では客家語を話します。」
　　「潮州には『工夫茶』という茶芸の習慣があり、皆よくお茶を飲みます。」
　　「故郷の料理の味付けはとても辛いので、広州の広東料理とは全く違います。」
　　「冬には雪も降りますが、夏も暑く、四季がはっきりしています。」

＊名所・旧跡、歴史上の人物や著名人を説明

世界的、全国的に有名なものから地方の人にしか知られていないものまで、その土地を代表する場所や建物、観光地などを説明します。またその地方出身の著名人について紹介して相手に興味を持ってもらいましょう。

例）「中山は孫文が生まれた町で、今でも古い家が残っています。」
　　「順徳には「清晖園」と呼ばれる清の時代に建てられた名士の屋敷があり、広東四大名園の一つになっています。」
　　「恵州には国家重点風景名勝の西湖があり、とても美しいです。」

＜故郷を案内するとき、相手を気遣った言葉をかけましょう＞

知人とはいえ、日本人にとって中国はどこへ行っても異国の地です。そのことを頭に入れると、故郷の伝統行事や風習、独特な食べ物を苦手だと感じる日本人もいるはずです。そんなときは相手に無理をさせないような言葉が必要になります。

例）「これはこの地方ではとても有名な犬を使った料理ですが、いかがですか。」
　　「このお酒は日本の清酒よりずっと強いので、無理をなさらないでください。」
　　「たばこを勧められても、受け取るだけで吸わなくても大丈夫です。」
　　「料理が辛すぎたら、他のものを注文しますので、遠慮なく言ってください。」
知っていますか？
　「中国にはいくつ省があるんですか？」と日本人に聞かれたらちゃんと答えられますか。そのほかにもとっさの「上海の人口ってどのくらいですか。」、「中国の一番南の省はどこですか。」というような簡単な質問に対処できますか。人口はちょっと無理かもしれませんが、せめて中国の省の数や直轄市、自治区、特別行政区などの数くらいは覚えていてほしいものです。日本人は小学生の時、誰もが47都道府県というのを頭に入れます。各県の場所は定かでない人もいますが、数は間違えません。そんな日本人が簡単な気持ちで中国人の大学生に省の数を聞いたら「知らない。」と言われた…なんてことがないように、機会があるとき一度調べてみましょう。

【練習問題】

1. 自分の故郷の観光地について話しましょう。そして、友達の故郷の観光地についてインタビューをしましょう。
   ＊例：Q1：○○さんの故郷はどちらですか。
   　　　Q2：一番有名な観光地はどこですか。
   　　　Q3：そこではどんなものが食べられるのでしょうか。

	あなたの故郷	○○さんの故郷	○○さんの故郷
故郷の名前			
観光地の名前			
食べる			
飲む			
見る			
買う			
体験する			

2. 私の故郷ＰＲ
自分の故郷を紹介してみましょう。
　「故郷はどんな町ですか。」と聞かれたら、町の名前だけでなく簡単に特徴を説明してみましょう。そのときマイナス表現よりもプラス表現を使って話してみましょう。日本語には同じ意味でも受け止め方に違いが出る表現があります。「いい意味、悪い意味」「感じの

いいイメージ、マイナスイメージ」などと分けられますが、せっかく自分の故郷を紹介するなら、やはり相手にいい感じを与えたほうがいいでしょう。

　＊故郷が小さな田舎町の場合
　　　　マイナス「すごく田舎で、汚い農村です」
　　　　プラス　「田舎なんですが、空気がよくのんびりしているので癒されます」
　＊故郷に特に有名な特産物がない場合
　　　　マイナス「農村なので、別に名産物なんてないです」
　　　　プラス　「農村ですから今まであまり考えたことがありませんが、強いて言えば家
　　　　　　　　で育てた地鶏は格別においしいです」
　　　　　　　　「田舎とは言っても、昔から代々伝わっているお菓子は、スーパーで売ら
　　　　　　　　れているものとは比べられないほどおいしいです」

3．日本人とのコミュニケーションの中で、中国へ旅行した経験について話す機会もあると思います。そんな時、その人が行ったことのある中国の地名がピンとこなかったり、中国語ではもちろん知っていても日本語の読み方がわからないと、ちょっと困ってしまうでしょう。ここでは中国の地名の読み方を覚えましょう。

　　　　　　　中国語　　　　→　　　　日本語
　　　　　　　河北省
　　　　　　　河南省
　　　　　　　云南省
　　　　　　　辽宁省
　　　　　　　黑龙江省
　　　　　　　湖南省
　　　　　　　安徽省
　　　　　　　山东省
　　　　　　　江苏省
　　　　　　　浙江省
　　　　　　　江西省
　　　　　　　湖北省
　　　　　　　甘肃省
　　　　　　　山西省
　　　　　　　陕西省
　　　　　　　吉林省
　　　　　　　福建省
　　　　　　　贵州省

広东省

青海省

四川省

海南省

台湾省

新疆维吾尔自治区

广西壮族自治区

西藏自治区

4．中国にはすばらしい世界文化遺産がたくさんあります。これらの文化遺産を魅力的に、ぜひ行ってみたいと思わせるように紹介してください。写真や映像などの資料も使って、位置や歴史、またさまざまなデータを入れながら、解説してください。

＜中国の世界遺産＞（カッコの中の年数は登録年、ひらがなは日本の漢字の読み方）

＊<u>泰山</u>　たいざん (1987年、複合遺産)

＊<u>万里の長城</u>　ばんりのちょうじょう (1987年、文化遺産)

＊<u>北京と瀋陽の明・清王朝皇宮</u>　ペキンとシンヨウのミン、チンおうちょうこうぐう (1987年、文化遺産)

＊<u>莫高窟</u>　ばっこうくつ　(1987年、文化遺産)

＊<u>秦始皇帝陵及び兵馬俑坑</u>　しんのしこうていりょうおよびへいばようこう　(1987年、文化遺産)

＊<u>周口店の北京原人遺跡</u>　しゅうこうてんのペキンげんじんいせき　(1987年、文化遺産)

＊<u>黄山</u>　こうざん　(1990年、複合遺産)

＊<u>九寨溝</u>　きゅうさいこう (1992年、自然遺産)

＊<u>黄龍風景区</u>　こうりゅうふうけいく　(1992年、自然遺産)

＊<u>武陵源</u>　ぶりょうげん　(1992年、自然遺産)

＊<u>承徳避暑山荘と外八廟</u>　しょうとくひしょさんそうとそとはちびょう(1994年、文化遺産)

＊<u>曲阜の孔廟、孔林、孔府</u>　きょくふのこうびょう、こうりん、こうふ　(1994年、文化遺産)」

＊<u>武当山古建築</u>　ぶとうざんこけんちく　(1994年、文化遺産)

＊<u>ラサのポタラ宮の歴史的遺跡群</u>　ノルブリンカ　(1994年、文化遺産)

＊<u>廬山</u>　ろざん　(1996年、文化遺産)

＊<u>峨眉山と楽山大仏</u>　　がびざんとらくざんだいぶつ　(1996年、複合遺産)

＊<u>麗江古城</u> れいこうこじょう (1997年、文化遺産)

＊<u>平遥古城</u>　へいようこじょう-(1997年、文化遺産)

＊<u>蘇州古典園林</u> そしゅうこてんえんりん (1997年、文化遺産)

* 頤和園　いわえん　（1998年、文化遺産）
* 天壇　てんだん　（1998年、文化遺産）
* 武夷山　ぶいざん　（1999年、複合遺産）
* 大足石刻　だいそくせっこく　（1999年、文化遺産）
* 青城山と都江堰　せいじょうざんととこうきょう（2000年、文化遺産）
* 安徽省南部の古代集落群　あんきしょうなんぶのこだいしゅうらくぐん（2000年、文化遺産）
* 龍門石窟　りゅうもんせっくつ（2000年、文化遺産）
* 明・清朝の皇帝陵墓群　ミン・シンちょうのこうていりょうぼぐん　（2000年、文化遺産）
* 雲崗石窟　うんがんせっくつ　（2001年、文化遺産）
* 三江併流　さんこうへいりゅう　（2003年、自然遺産）
* 高句麗前期の都城と古墳　こうくりぜんきのとじょうとこふん　（2004年、文化遺産）
* マカオ歴史地区　まかおれきしちく　（2005年、文化遺産）
* 四川省のジャイアントパンダ保護区　しせんしょうのじゃいあんとぱんだほごく（2006年、自然遺産）
* 殷墟　インキョ　（2006年、文化遺産）
* 中国南方カルスト　ちゅうごくなんぽうかるすと　（2007年、自然遺産）
* 開平楼閣と村落　かいへいろうかくとそんらく　（2007年、文化遺産）
* 福建土楼　ふっけんどろう（2008年、文化遺産）
* 三清山国立公園　さんせいざんこくりつこうえん（2008年、自然遺産）

5．中国には日本人がよく知っているさまざまな歴史的なエピソードがあり、またそれに関する地名や格言なども至る所で取り上げられることがあります。日本人がよく知っていることのほかにも、わかりやすくそのエピソードを説明してみましょう。（参考資料添付）

例）四面楚歌

中国前漢時代の『史記』によるエピソードです。楚の国の項羽が垓下(がいか)で包囲されたとき、四面の漢軍が楚の歌をうたうのを聞き、楚の人々がすでに漢に降伏したと思い絶望しました。それが転じて、敵に囲まれて孤立し、助けがなく、周囲の者が反対者ばかりであることを意味するようになりました。

＜日本人が知っている中国歴史上や地方独特のエピソード＞
* 楊貴妃とライチ、玄宗皇帝の溺愛
* 万里の長城に登ると男の中の男になれる
* 孫文と宋家三姉妹
* 赤壁と三国志演義のヒーローたち
* パンダと辛い料理のふるさと四川省

＊平城京のモデル、唐の長安（現西安市）
＊紫禁城とラストエンペラー　など

【発表】

自分の故郷を紹介してください。

【関連語彙】

一泊二日（いっぱくふつか）⓪	一晚两日
乗り換え（のりかえ）⓪	转乘
乗り継ぎ（のりつぎ）⓪	换乘
郊外（こうがい）①	郊外
省都（しょうと）①	省会
工業都市（こうぎょうとし）⑤	工业城市
商業都市（しょうぎょうとし）⑤	商业城市
農村（のうそん）⓪	农村
漁業（ぎょぎょう）①	渔业
林業（りんぎょう）⓪	林业
重工業（じゅうこうぎょう）③	重工业
石油化学（せきゆかがく）④	石油化学
工場（こうじょう）③	工厂
ベッドタウン④	住宅城市
開発中（かいはつちゅう）⓪	在开发中
景観（けいかん）⓪	景观
工事（こうじ）①	工程
山間の村（やまあいのむら）⓪	乡村
湖のほとり（みずうみのほとり）⓪	湖的旁边
山岳地帯（さんがくちたい）⑤	山岳地带
盆地（ぼんち）⓪	盆地
川沿い（かわぞい）⓪	河边
世界遺産（せかいいさん）④	世界遗产
国家重点観光区（こっかじゅうてんかんこうく）⑩	国家重点游览区
自然保護区域（しぜんほごくいき）⑦	自然保护区

人口密度（じんこうみつど）⑤	人口密度
名士（めいし）①	知名人士
史跡（しせき）⓪	古迹
庭園（ていえん）⓪	庭院
屋敷（やしき）③	公寓
城壁（じょうへき）⓪	城墙
特産品（とくさんひん）⓪	特产
名物（めいぶつ）①	名产
郷土料理（きょうどりょうり）④	家乡菜
民芸品（みんげいひん）⓪	民间艺术品
ゲストハウス④	招待所

【コラム】

あとの祭り

〈あなたは薬を食べますか？〉

　中国人が日本語を学んだり日本人が中国語を学ぶのは、他の国々の人たちが学ぶよりも有利だといわれています。それは漢字の存在のおかげだと言えるでしょう。中国語がわからない日本人でも、中国の新聞を読んで漢字を目で追っていけばなんとなく何が書かれているのか想像がつくものです。逆に日本語ができない中国人が日本の雑誌を読んで、ひらがなとカタカナをとばして漢字だけ読んで意味を汲もうとしているのとほとんど同じ状況ですね。同じ漢字でも「新聞」は中国では「ニュース」の意味として使われ、日本語の「新聞」は中国語では「报纸」です。このような同じ漢字を使いながら意味が異なる単語はよく紹介されており、その代表的な例は「勉強」でしょう。

　しかし、意味の間違いではなくその国の人たちが持つ感覚表現に注意することは、もっとも重要なことだと思われます。例えば、中国人は「薬を食べる」（吃药）といいますが、これをそのまま日本語で、「熱がかなり高いよ、薬を食べた方がいいよ」と言ったら、その熱がある友達は「中国の解熱剤って箸を使って食べるほど大きいのかなあ。」と誤解してしまいますね。日本では薬はたとえどんな形状でも、「飲む」を使います。その薬を噛んで食べる場合も「飲む」のです。このような感覚は日本人が中国語を学ぶ時も覚えなければならないものです。漢方薬を煎じてお碗に入れて飲むことも中国語では「食べる（吃）」を使うのかと思うととても不思議に感じます。日本人が感じる中日の漢字の意味と人々の感覚の違いの例を下記に挙げてみました。

〈テレビを開ける〉

　正しく言うと「テレビをつける」になります。中国語の「开」の影響で窓を開けると同じ感覚で使うと間違えてしまいます。「クーラーをつける」、「部屋の電気をつける」など主に電気製品を使うときなどは「つける」を使います。「テレビを開ける」は「テレビが故障してしまい修理するために工場へ持っていって中の部品を見るために開けて中を見る」という意味にもなりますが、本来の意味からすると全く異なります。

〈バスに座る〉

　「バスに乗る」が正しいです。これは日本人から見ると不思議な表現です。「座る」という動詞は「腰を下ろす」という意味で、椅子でも地べたでもいいから、とにかくどこかに腰を下ろしてしゃがむことを意味するのですが、中国語では飛行機にも（坐飞机）船にも（坐船）地下鉄にも（坐地铁）「座る」を使います。たとえラッシュの時間地下鉄に乗って席がなくてぎゅうぎゅう詰めになっていたとしても中国語の動詞は「坐」であり、わざわざ「站着乘车」と言う中国人に会ったことがありません。

〈宿題を作る〉

　正しくは「宿題をする」です。中国語の「做」は日本語にすると「する」時もあれば「作る」、「行う」、「やる」を使う場合もあります。「宿題をする」は先生に言われた課題を次の授業までにやり終えて先生に見せることを意味しますが、「宿題を作りました」は「家で宿題として出す問題を考えてきたからみなさんがやってください」と言いながらその問題を黒板に書いたりプリントを配ったりする様子が浮かんでしまいます。つまりやるのは言った人ではなく相手です。

第七課　留学ビザ申請と税関審査

【場面設定】

李さんは日本へ短期留学することになりました。李さんは洋子さんに頼んで大使館までビザ申請に付き合ってもらいます。翌日、大使館査証課窓口で職員に簡単な質問をされ、書類を提出しました。数ヵ月後、短期留学のために日本の空港に到着し、税関を通ります。

【登場人物】

李さん、洋子さん、大使館職員、入国審査官

【場　　所】

在中国日本大使館査証課窓口、成田空港

【学習項目】

1．役所で手続きする時の表現
2．依頼の表現
3．税関審査での表現
4．留学の手続き

【間違い探し】

（大使館で）

李さん　：あのう、私はビザ申請をしたいんですが、ビザ申請の窓口はどこにあるのか教えてくださいませんか。

職員　　：日本のビザ申請ですね。こちらの窓口はビザ受け取りの窓口ですので、申請の場合は2階へお進みください。2階へ上がると、ビザ申請という大きな表示が見えますので、そちらへお進みください。

李さん　：分かりました。

洋子さん：ビザ申請の場所ってちょっとややこしいですね。

李さん　：ええ、でも職員の方が親切だったのでよかったです。洋子さんにも一緒に行ってくれて、もう心配ないね。洋子さんが来てくれて、本当に助かりました。

（2階で）

洋子さん：あ、李さん、あそこにビザ申請の大きな表示が見えますよ。

李さん　：そうですね。今度はすぐ探し着きましたね。

職員　　：日本へのビザ申請の方ですか。

李さん　：はい。

職員　　：では、申請書に必要事項をご記入ください。あちらのテーブルの上に記入例もございますので、それを参考にしてください。

洋子さん：あそこでたくさん外国の人が申請書を書いていますよ。李さんもあそこで書いた方が記入例もあるし、便利だと思いますよ。

（申請書を書き終えてから）

李さん　：わあ、もうあんなに人が並んでいますね。さっきはそんなに人が空いているよう

です。
洋子さん：さあ、早く並びましょう。
李さん　：ずいぶん待ったほうがいい感じですね。
（順番が回ってきて）
職員　　：ビザ申請ですね。申請書、パスポート、写真をお願いします。
李さん　：はい。
職員　　：写真は２枚必要なんですが、１枚しかありませんか。
李さん　：すいません。今日初めてビザを申請するので、そのことを知っていませんでした。
職員　　：申し訳ありませんが、規則ですので…。では１階の正面玄関の横に証明写真機のサービスがありますので、そちらで今日中にお撮りください。
李さん　：もう一度並ばないようにしていただけませんか。
職員　　：あとで写真1枚を私に渡してくだされば、それで大丈夫です。
李さん　：ありがとうございます。もう一度あの長い列に並ぶのかと思って、ドキドキしていました。
職員　　：捺印されていませんね。こちらの枠の中に捺印してください。
李さん　：捺印?今日は印鑑を持ってきていませんが。
職員　　：それでは拇印でも結構です。
李さん　：私は犯罪者じゃありませんよ。拇印を押したくない。
　　　　　（サインしてから）
職員　　：ではお疲れ様でした。ビザの受け取りは一週間後になります。こちらの受取証を忘れないように、一週間後に持ってきてください。次回のパスポートの受け取りは１階の窓口になります。後で写真一枚を忘れずに持ってきてください。

李さん　　：すいません。ありがとうございました。
洋子さん：ありがとうございました。

（（日本入国）成田空港、税関で）

入国審査官：パスポートを見せてください。
李さん　　：はい。
入国審査官：ええーと、今日は中国からですね。
李さん　　：はい。
入国審査官：何か申告するものはありますか。
李さん　　：特にありません。
入国審査官：お荷物はこれで全部ですか。では、ちょっとそこの下にある大きなスーツケースを開けてもらえますか。
李さん　　：はい、分かりました。
入国審査官：これは何ですか。
李さん　　：それはただのライチですよ。
入国審査官：このような果物は法律で日本へは持ち込めないことになっています。
李さん　　：そんなこと聞いたことないよ。しかし、この果物は非常に高価なもので、私も苦労して買ってきたものなんです。何とか通させてください。
入国審査官：あなたの気持ちも分からないこともありませんが、それでも持ち込むことはできません。
李さん　　：そこを何とかお願いできませんでしょうか。
入国審査官：しかし、法律に違反することはできませんよ。果物は没収ということになります。
李さん　　：これは高い果物なので、あきらめにくいです。無理を言ってしまい申し訳ありませんでした。
入国審査官：いいえ、かまいません。今後お気をつけください。

【常用表現】

1. 下記の注意事項を必ずお読みください。
2. 原本の提出が不可能な書類についてはコピーで差し支えありません。
3. 身元保証書以外の書類については、定まった様式はありませんので、適宜作成して下さい。
4. ビザの発給はどのぐらいかかりますか。
5. ちょっとお伺いしますが、留学ビザを申請したいのですが、どうすればいいですか。
6. 失礼ですが、保証人とはどのようなご関係ですか。
7. 一週間後、この控えと身分証明書を持ってビザを取りに来て下さい。
8. この申請書に記入して、パスポートと一緒に提出してください。
9. 留学期間中、生活費用はどうするつもりですか。
10. お急ぎでしたら明日の午後お渡しできますが、別途料金がかかります。

 【日本文化と知識】

日本への入国ビザ

　外国人が日本を訪問する場合、一般に日本国のビザを取得する必要があります。中国（香港、台湾を除く）はビザ免除の対象とはなっていないため、日本訪問の際には、その日数に関わらず事前のビザ取得が必須となります。

　原則として、ビザ申請者が以下の要件をすべて満たし、ビザ発給が適当と判断される場合にビザの発給が行われます。

　1. 申請人が有効なパスポートを所持しており、本国への帰国又は在留国への再入国の権利・資格が確保されていること。
　2. 申請に係わる提出書類が適正なものであること。
　3. 申請人の本邦において行おうとする活動又は申請人の身分若しくは地位及び在留期間が、入管法に定める在留資格及び在留期間に適合すること。
　4. 申請人が入管法第5条第1項各号のいずれにも該当しないこと。

　お持ちのパスポートの種類、渡航目的、渡航期間などにより手続きや必要書類が異なりますのでご注意下さい。

　また、一定の要件を満たす中国人の方を対象に、個人観光ビザや有効期間内に何度でも日本に使用可能なマルチビザを発行しています。

　「親族・知人訪問」、「短期商用」以外の目的で日本へ渡航する場合は、日本国内の代

理人が事前に法務省各地方入国管理局にて「在留資格認定証明書」を取得した上でビザ申請を行う必要があります。

　なお、旅行会社が主催する団体観光ツアーに参加する場合、ビザ申請は当館指定の旅行会社が代行手続きを行うことになります。

【練習問題】

1. あなたは税関に申請しなければならない中国から持ってきたお酒があります。しかし、申請するのを忘れてしまいました。どのように税関で手続きすればいいでしょうか。空欄に適当な言葉を入れなさい。

入国審査官：このお酒は申請が必要ですよ。
李さん　　：ああ、そうだったんですか。
入国審査官：このまま持ち込むことはできません。あちらのテーブルにある税関申告書に必要事項を記入してから、窓口の税関審査官に提出してください。
李さん　　：あのう、申請すれば持ち込めるのでしょうか。
入国審査官：申請した後、審査官が決定しますので、それまでお待ちください。
李さん　　：（　　　　　　　　　　　　　　　　　　　　）
入国審査官：手続き上のことですから、おそらくは持ち込めると思いますが…。
李さん　　：では、申告書を提出しさえすればいいんですね。分かりました。
（窓口で）
税関審査官：税関申告書を提出してください。
李さん　　：はい。
税関審査官：こちらのお酒ですが、関税がかかってしまいますが、よろしいでしょうか。
李さん　　：前回は関税を取られませんでしたが。
税関審査官：茅台酒（マオタイしゅ）だと２本までの持ち込みは大丈夫ですが、３本目からは関税がかかってしまいます。
李さん　　：（　　　　　　　　　　　　　　　　　　　　）
税関審査官：しかし、ルールですので２本までしか認められません。
李さん　　：（　　　　　　　　　　　　　　　　　　　　）
税関審査官：そう言われましても、法律上はこのようなルールになっておりますので。
李さん　　：（　　　　　　　　　　　　　　　　　　　　）
税関審査官：それも法律違反です。
李さん　　：（　　　　　　　　　　　　　　　　　　　　）
税関審査官：いいえ、大丈夫です。

2. 李さんは、短期留学のために日本へやってきました。成田空港へ到着しましたが、迎えに来るはずの大学生の姿が見えません。電話連絡をしたところ、急用で来られなくなったとのことです。

インフォメーションセンターで情報を収集し、一人で大学まで行かなくてはなりません。どのように情報を収集すればいいでしょうか。空欄に適当な言葉を入れなさい。

李さん：（　　　　　　　　　　　　　　　　　　　　　　　　　　　）
案内係：はい、どうなさいましたか。
李さん：○○大学まで行きたいんですが…新宿駅から地下鉄に乗換えなんですけど。
案内係：新宿駅までは、リムジンバスと電車が出ております。リムジンですと、所要時間は一時間半から2時間で、お一人様片道3000円となっております。
李さん：直接新宿駅までのバスがあるんですか。
案内係：はい、新宿駅西口までのリムジンが出ております。所要時間は一時間半から2時間で、お一人様片道3000円となっております。
李さん：（　　　　　　　　　　　　　　　　　　　　　　　）
案内係：ございますが、JRの成田エクスプレスですと、やはり3110円かかってしまいます。各駅停車をご利用になりますと半額ほどで目的地に到着できますが、かなりお時間を要してしまいますので…。ただいまの時間帯でしたら、日暮里駅まで京成スカイライナーという特急列車をご利用になり、日暮里でJRにお乗り換えになりますと、1時間半ほどで到着できますが。
李さん：（　　　　　　　　　　　　　　　　　　　　　　　　　　　）
案内係：乗車券に特急券、あわせて2110円になります。
李さん：（　　　　　　　　　　　　　　　　　　　　　　　　　　　）
案内係：乗り場はB1階になります。
李さん：（　　　　　　　　　　　　　　　　　　　　　　　　　　　）
案内係：左手の方向にまっすぐお進みになると、エスカレーターがございます。地下一階に案内の地図がございますので、ご覧ください。
李さん：（　　　　　　　　　　　　　　　　　　　　　　　　　　　）

3. 陳さんは現在、中国の大学3年生です。4月から日本のA大学に留学することが決まっています。その手続きで、必要な書類を確認するためEメールを1週間前に送りましたが、A大学からは返信がありません。陳さんは直接A大学に電話で問い合わせをしました。下記の空欄[　　]に問い合わせの場合に使う適切な表現を入れましょう。

— A大学に電話をする —

陳　　：私は、4月から留学を許可された陳と申します。
①「_____」…①尋ねたい内容を言う

②「＿＿＿＿＿＿＿＿＿＿＿＿＿＿＿＿＿＿＿」…②留学担当者と話したいと伝える

担当者：はい。　私が担当の佐々木です。どのようなご用件でしょうか。

陳　　：大学に提出する書類の確認をしたいのですが。

担当者：手続きに必要なものは、1．パスポート 2．入学許可書 3．成績証明書 4．入寮許可書 5．語学能力証明書 6．写真（3×4サイズ）3枚 7．保証人証 8．健康診断書です。

陳　　：留学生のホームページに出ている書類でよろしいのですね。

担当者：はい、そうです。

陳　　：「＿＿＿＿＿＿＿＿＿＿＿＿＿＿＿＿＿＿＿」…③奨学金制度について尋ねる

担当者：奨学金については、幾つか制度がありますので、当校のホームページをご覧ください。その際は、成績証明書、推薦状が必要になります。

陳　　：「＿＿＿＿＿＿＿＿＿＿＿＿＿＿＿＿＿＿＿＿＿」…④お礼を言う

担当者：日本に来る日は決まっていますか？

陳　　：「＿＿＿＿＿＿＿」…⑤〇月〇日〇時着、航空会社、便名　到着空港名を言う

担当者：わかりました。（復唱する）　当日は到着ゲートに担当者が陳さんのお名前のプレートを持ってお迎えします。ご安心ください。

陳　　：「＿＿＿＿＿＿＿＿＿＿＿＿＿＿＿＿＿＿＿＿＿＿」…⑥お礼を述べる。

問題4　留学について、次のことがらをグループ別に話しあってみましょう。

①行きたい大学　②学びたい分野　③日本で経験したいこと　④心配なこと

【発　表】

日本へ旅行や留学するとき、入国手続をインターネットで調べて発表してください。

【関連語彙】

査証（さしょう）⓪	签证
外公館（がいこうかん）③	驻外国的政府机关
在留資格（ざいりゅうしかく）⑤	在留资格
短期滞在（たんきたいざい）④	短期居留
知人訪問（ちじんほうもん）④	访问友人
就労（しゅうろう）⓪	工作
入国管理局（にゅうこくかんりきょく）⑦	出入境管理局
法務省（ほうむしょう）③	法务省

跨文化交际日语会话　69

外務省（がいむしょう）③	外务省
上陸申請（じょうりくしんせい）⑤	登陆申请
提示書類（ていしゅつしょるい）⑤	提出文件
商談（しょうだん）⓪	商谈
記載事項（きさいじこう）④	记载事项
旅券（りょけん）⓪	护照
身元保証書（みもとほしょうしょ）⓪	身分担保书
招聘理由書（しょうへいりゆうしょ）⓪	招聘理由书
原本（げんぽん）①⓪	原件
窓口（まどぐち）②	窗口
発給（はっきゅう）⓪	交付
有効期間（ゆうこうきかん）⑥⑤	有效期
手数料（てすうりょう）②	手续费

【コラム】

「ルールが心より優先の日本人と、心がルールより優先の中国人」

　日本ではルールが大変重視され、たとえどんな理由があっても、ダメなものはダメとはっきり言われてしまいます。しかし中国の方では、もちろんルールは大事ですが、時には心を優先してくれる場合もあります。「あなたの気持ちはよく分かります。では、今回だけはいいということにしましょう。」といったやさしい感じがする反応が返ってくる場合が日本と比べると多いですね。逆に日本ではルール重視で心の方があまり優先されませんが、ルールをよく守る人は周りから信頼され、例えば運転免許がゴールドカードの人は、ルールをよく守っているドライバーなので、定期講習の時間も短く、優遇を受けるという制度があります。ルールを守る場合がいいか、それとも心を優先する場合がいいか、それぞれの国によってお国事情が異なるようです。それもまた比べてみると、新たな民族性も発見できたり、面白い話題になるかもしれませんね。

第八課　恋愛相談

【場面設定】

　　李さんが日本人留学生の彼と半年ぐらい付き合っています。最近、彼と何回もけんかしました。彼の考え方をなかなか理解できません。悩んでいる時に洋子さんに相談することを思いつきました。

　　洋子さんは李さんの相談を受けました。まず、彼の容姿、性格を聞き、けんかの原因を分析しました。日本人と中国人の国民性の違いを李さんと議論しました。そして、異文化の理解が大事だと李さんに話しました。

【登場人物】

　　李さん、洋子さん

【場　所】

　　李さんが洋子さんに電話をする（会う約束をする）→ 喫茶店で会って相談する

【学習項目】

　1．容姿の述べ方、性格の述べ方
　2．相談とアドバイスの表現
　3．励ましの言葉

【間違い探し】

（電話をかける）

李さん　　：もしもし、洋子さんですか。突然お電話で失礼します。
洋子さん：あ、李さん。何かあったんですか。
李さん　　：彼氏とけんかしたんです。
洋子さん：あら、李さん彼氏がいたんですか。ごめんなさい、知らなくて…。
李さん　　：私は彼氏があります。もしご具合がよければどこかで会ってお話したいんですが。
洋子さん：じゃあ、3時にこの前一緒に入った喫茶店で待ち合わせましょうか。
李さん　　：分かりました。ではまた後ほど。失礼します。

（喫茶店で）

洋子さん：ごめんなさい、ちょっと遅くなっちゃって。
李さん　：今日はありがとうございます。
洋子さん：さっそくだけど、李さんの彼って、どんな人なの。
李さん　：彼は私より高くて、痩せているみたい。顔が普通で、色が黒いです。性格はちょっと細かい人で、ちょっと怒りやすいです。
洋子さん：一度お会いしてみたいな…。
李さん　：いいですよ。会いましょう。
洋子さん：ところでけんかしたって言ってたけど、どうしたんですか。
李さん　：洋子さん、日本人は時間を守る意識が強いと言われていますよね。昨日彼と約束して、映画を見に行ったんですが、忘れ物したので一度家に帰ったら、約束の時間に遅刻してしまいました。彼はなんか怒ってきました。遅刻の理由を説明しましたがわかってくれなくて…だからけんかが起きました。

洋子さん：そんなことがあったんですね。李さんは遅刻したとき、ひとこと彼に謝ったんですか。
李さん　：小さなことですよ。そのあと彼に電話をかけても出ませんでした。
洋子さん：日本人は「親しき仲にも礼儀あり」と教えられていますから、家族や恋人同士でも、自分が悪かったなあと思ったら、ちゃんと謝るのが習慣になっていますからね。
李さん　：そうか。でも中国では親しい人には謝らないです。
洋子さん：でも、違う習慣の中で育った二人だから、お互いに歩み寄らないと…。彼ともう一度ちゃんと話し合ってみたらどうですか。
李さん　：そうですね。明日ゆっくり話し合ってみます。洋子さんとお話していたら、だんだん元気が出てきました。今日は相談してくれてありがとうございました。気持ちがよくなりました。
洋子さん：よかった。李さんは優しい方だから、きっとうまくいきますよ。自信もってね。

【常用表現】

1. いま、お付き合いしている人がいるんですが…。
2. 実は、彼氏とけんかしてしまったんです。
3. ご迷惑でなければ、相談にのっていただきたいんですが。
4. こんなことでお呼び立てして、申し訳ありませんでした。
5. それは考えすぎですよ。
6. もう一度ちゃんと話し合ってみたらどうですか。
7. 明日ゆっくり話し合ってみます。
8. おかげでだいぶ気持ちが楽になりました。
9. なんだか自信が湧いてきました。
10. 相談にのっていただいて、本当にありがとうございました。

  【マナー】

＜恋愛相談に乗ってもらう場合＞
　仕事の悩みと違って、恋愛相談に乗ってもらうのは上司や先輩ではないでしょう。しかし、誰にでも相談できるものでもないし、また日中カップルの場合は、一般的なアドバイスも通用しない場合もあるでしょう。どんな場合でもまず覚えておかなければならないのは、恋愛の話題はプライベートなことなので、話す相手を選ぶ必要があります。信頼のおける人、本当に自分のためを思ってくれる人に第三者の立場からアドバイスをもらう程度と考えたほうが良いでしょう。また、二人の問題を他人に話すことを嫌う人もいるでしょう。やはり相手への配慮を忘れないようにしましょう。

＜相談に乗ってもらう場合＞
　いきなり相談するのではなく、ひとこと相談相手に配慮しましょう。
「すみません、こんなことをお話しするのもお恥ずかしいんですが。」
「一人で悩んでいてもなかなか解決できなくて。」
「こんなことを相談すると笑われてしまうかもしれませんが。」
「ちょっとばかばかしいことなんですが。」
　このようにひとこと言った後で、相手が相談に乗ってくれるような素振りを見せたら、悩みを話してみましょう。

＜アドバイスを聞く＞
　悩みを打ち明けても、当然ながら他人が解決してくれるはずはありません。自分のためにアドバイスをしてくれたら、誠意を持って聞き入れましょう。そしてひとことお礼も忘れ

ずに。
「そういうふうに考えればいいんですね。」
「そんなこと考えたこともありませんでしたが、今度そうしてみます。」
「なるほど…そのほうがいいですね。」
「○○さんのおかげで元気が出てきました。ありがとうございます。」
「こんなつまらない話を聞いていただいて、それにアドバイスまでしていただけて本当にうれしいです。」
「大変かもしれませんが、前向きに考えてみます。」
「貴重なお時間をいただき、ありがとうございました。」
「自分もまだまだ足りないところがあると気づきました。」
「貴重なお話を聞かせていただいて、ありがとうございました。」
「○○さんからのアドバイス、今度実践してみます。」

＜楽しくデートするには＞

　誰でもデートを楽しみたいと思っているでしょうが、そのためには細かい配慮をしなければなりません。中国でも日本でも似ているデート事情もあるようですが、ちょっとした違いもあるようです。

* **バレンタインデー（2月14日）とホワイトデー（3月14日）**

　　中国では情人節と呼ばれるこの日、中国の男性たちは恋人へ贈るプレゼントやバラの花束を買うのにせわしく過ごしますが、このバレンタインデーは日本では女性が忙しい一日だといえます。日本では2月14日に好きな男性に告白したり、すでにカップルになっている人は彼女から彼氏に贈り物をします。その日に忘れてならないのはチョコレートを贈るということです。2月14日を前にした日本中の街には至るところにチョコレート売り場が出現します。中国の中秋節の月餅売り場にも多少似ている感じです。その日までに女性たちは、贈る相手にふさわしいチョコレート選びをします。最近では自分で作ったチョコレートを贈るのも流行っていて、それをかわいくラッピングして贈るという手作り派も増えています。この日ばかりは女性も多少大胆になってもかまわないことから、この日にずっと好きだった男性に告白する女性もいます。

　　チョコレート会社の戦略によってバレンタインデーが定められたとも言われていますが、日本にはこの2月14日のバレンタインデーにチョコレートを贈る習慣は、かなり深く根付いていると言えるでしょう。恋愛を禁止している学校もありますが、バレンタインデーを無視することはできないようで、小学校から高校まで、学校でのチョコレート受け渡しを禁止する通知が出されることもあります。風紀上の問題とされていますが、実際にはモテる男の子はたくさんチョコをもらいますが、モテない男の子はまったくもらえないので、その差を明るみにさせたくないという理由で禁止して

いるようです。

　また「義理チョコ」といって、普段お世話になっている男性に、好き嫌いを問わず贈るチョコレートを総称する呼び方もあります。女子社員が、同僚の男性に平等に渡すので何十個もチョコレートを用意することもあります。これに対して本当に好きな人に贈るチョコレートは「本命チョコ」と呼ばれます。本命チョコを男性に渡す場合、チョコレートだけではなく、男性が喜びそうなプレゼントを一緒に贈るようです。

　2月14日にチョコレートをもらったからといっても、喜んでばかりいられないのが男性の辛いところでしょう。その一ヵ月後には、チョコレートのお返しとしてキャンディーを女性に贈るホワイトデーがあります。これもお菓子屋さんの戦略だと言われていますが、日本のカップルには深く根付いたイベントのひとつです。この日男性はキャンディーを買って渡すだけでは済まされません。レストランやホテルの予約、デートのスケジュールをすべて請け負い、なおかつプレゼントまで用意しなければなりません。カップルの人はまだしも、この日を機に好きな女性に告白しようとする男性は、かなり気合を入れてスケジュールを立てるようです。アンケート調査ではこの日に女性が男性からもらいたいプレゼントは、有名ブランドの新作バッグ、腕時計、アクセサリーが常に上位を占めるので、12月24日のクリスマスイブから3月14日のホワイトデーまでの約3ヶ月間、男性は節約しながらアルバイトや副業をしてお金をためるという話が毎年聞かれます。

* ワリカン型と男性支払い型

　中国でも日本でも恋人や好きな人の誕生日にプレゼントをするのは一般的なようですが、デートのときの支払いはどちらがするかというのは、それぞれのカップルによって違うようです。しかし中国には「男が払うべき」という伝統的な考え方も根強く、学生同士でも男性が払う場合が多いようです。日本では夫婦となれば男性の負担が増えますが、一般的にデートはワリカン、自分の分は自分で払う場合が多いようです。ワリカンのほうには、女性からも気軽に誘える、束縛されている感じがないので気が楽だという良い面もあり、またレストランでの支払いの場合は、とりあえず男性が先に払っておいてあとでワリカンにしたり、先に男性に自分の分のお金を渡しておいたりして、男性の面子を壊さないようにする思いやりのある女性も多いようです。いずれにしても、「男が払うのは当たり前」、「年上の人が払って当然」と心で思ったとしても、それは顔や態度に出てしまうので、ご馳走されたり払ってもらったときには、心から感謝の気持ちをもちましょう。

* 「ありがとう」を言うべきか言わないほうがいいのか

　親しい間柄で「ありがとう」を言うのは親しくないような感じで違和感がある、というのが一般的な中国人の考え方のようです。しかし、日本では「親しき仲にも礼儀

あり」と教わっていますので、身内や夫婦、恋人の間でも当然「ありがとう」を言って気持ちを表します。「ありがとう」は本来とても美しいことばです。ですから日本人は「どうも」、「すいません」、「悪いねえ」等のことばを使ってぼかしてしまいますが、「ありがとう」はそれほど特別な言葉だともいえます。日本人と付き合う場合、ものをもらったとき以外にも、相手が何かしてくれたら素直に「ありがとう」と言うようにしましょう。また、中国や日本にはない習慣を相手との付き合いによってしなければならない場合、まず相手のことを配慮してあげましょう。

* 思いやりある一言を

「デートの約束に遅れてきた相手を何分まで待てますか。」心理テストにこんな質問がありますが、あなただったら何分まで待てますか。実はこれは嫉妬深さをみるテストだそうです。30分待てるという人は、「相手のことが好きだし心配だからずっと待てる」人ですが、実は大変嫉妬深い人だそうです。おおらかだともいえますが、「仏の顔も三度まで」というように、毎回遅れてくるようになると、おおらかさが怒りに変わることもあるでしょう。また、「あの人はいつも遅れてくるんだから、私も遅れてもかまわないだろう」ということにもなってしまいます。たとえどんな理由があったとしても、言い訳する前に「ごめんなさい」のひとことがあれば、どうにかなります。まず自分が悪かったと言う意思表示のひとことがあるかないかによって、その後の関係も変わるでしょう。

【練習問題】

1. ロールプレイ
<恋愛相談をしてみよう！>
あなたは日本に留学中の中国人大学生（女性）李です。日本人の恋人がいるのですが下記の悩みがあります。日本人の友達の朋子さんに相談してみましょう。
① 彼氏（会社員）が「仕事が忙しい」と言って会ってくれません。もしかしたら他に彼女ができたのではないかと心配です。
② 彼氏（大学生）とデートするとき、いつもワリカンで会計します。なんだか男らしくなくケチな人のように感じます。

2. 討論してみよう
恋愛にはさまざまな問題や悩みがつきものですが、身近な内容について話し合ってみましょう。
テーマ：① 大学生同士でもデートでは男性が支払うべきか、ワリカンがいいのか
② 恋愛と結婚の違い（恋人と配偶者に求める条件の違い）

3．クイズ
　　a．出題者はあるクラスメートのなかから一人を選び、そのひとの容姿と性格について述べる。
　　b．ほかの人はそれがどの人か当てる。
4．結婚する相手はどんな人がいいか、下の４人に聞いてみました。下の（A～D）に入る条件は１～４のどれでしょう。

雅彦さん：「私の場合は、結婚なども両親と一緒に生活しなければならないから、まず、妻と両親との関係が大切なんです。特に妻と母との関係は大切ですね。昼間一緒にいる時間が長いですから。私が母と妻の間に入って苦労するのはいやです。ですから、結婚するなら、相手は（A）がいいですね。」

花子さん：私は結婚しても仕事を続けたいので、家の仕事がちゃんとできるかどうか心配です。子供ができたら、仕事をやめて育児をするつもりです。それまで、夫には。外で働くはもちろんですが、家でもいっしょに掃除や洗濯や買い物などをやってもらいたいんです。ですから、結婚相手は（B）がいいですね。」

一郎さん：「私は、掃除とか洗濯などの仕事が好きです。料理も得意なんですよ。でも、外で仕事をするのはストレスが多いから、あまり好きではありませんね。子供大好きだから、育児も大丈夫だと思います。でも、生活費の問題があります。これは妻に頑張ってもらいたいです。わたしは家事と育児をしますから、妻になる人は（C）がいいですね。

幸子さん：「私の父は仕事人間でした。子供が５人もいるのに子供たちの世話は全部母にやらせていましたから、母はいつも一人で子供たちの世話をして、とても大変でした。私は母のような苦労はしたくありません。結婚する相手は、（D）がいいですね。」

　　1．家事をよく手伝ってくれる人
　　2．育児をよく手伝ってくれる人
　　3．お金を稼いでくれる人
　　4．父や母と仲良くしてくれる人

5．あなたの結婚相手の条件（容姿、性格、仕事、収入、家族構成、価値観などを含む）について述べてください。

【発　表】

日本人の恋愛観、日本で有名なデートスポット、恋愛の流行語について発表してください。

【関連語彙】

<性格的表达>

「～な（い）人」「彼は～な（い）人です」「私は～なところがあります」「よく人から～だと言われます」「自分では～と思っています」

◆ 性格

外向的（がいこうてき）⓪	外向
内向的（ないこうてき）⓪	内向
暗（くら）い③	阴沉
明（あか）るい③	开朗
楽天的（らっかんてき）⓪	乐观
悲観的（ひかんてき）⓪	悲观
固執（こしつ）する⓪	固执
怒（おこ）りっぽい⑤	易怒
けち⑤	吝啬
引っ込み思案（ひっこみじあん）⑤	消极；内向
だらしない④	散漫
好い加減（いいかげん）⓪	马虎
几帳面（きちょうめん）④	一丝不苟
金（かね）に細（こま）かい⑤	花钱精打细算
責任感（せきにんかん）が強（つよ）い③②	责任感强
陽気な（ようきな）⓪	快乐的
おおらかな②	大方的
情熱的な（じょうねつてきな）⓪	激情性的
温和な（おんわな）⓪	温和的
気さくな（きさくな）⓪	坦率的
静かな（しずかな）①	文静的
知的な（ちてきな）⓪	理性的
賢い（かしこい）③	聪明
心配性（しんぱいしょう）⓪	感到担心的
神経質（しんけいしつ）③	神经质
気難しい（きむずかしい）⑤	难以取悦
さびしがり⓪	容易感到寂寞

不器用な（ぶきような）②	笨手笨脚的
おしゃべり ②	喜欢说话
つまらない ④	无聊
きれい好き（きれいずき）⓪	好干净
まめな ⓪	勤快的
おおざっぱな ③	粗率的
ユーモア ①	幽默
活発な（かっぱつな）⓪	活泼的
無邪気な（むじゃきな）①	天真烂漫的

◆ 恋爱用语

君に夢中なんだ。	我为你着迷。
愛してる。	我爱你。
私はあなたのもの。	我是你的。
君のことをすべて知りたい。	我想知道有关你的一切。
きれいだよ。	你真漂亮。
離れたくない。	我不想离开你。
ずっと一緒にいたい。	我想永远跟你在一起。
結婚してくれる？	你会跟我结婚吗？
結婚しよう。	我们结婚吧！
僕と付き合ってくれる。	和我交往吧。
そばにいてね。	留在我身边吧。

 【コラム】

郷に入っては郷に従え

　日本は狭い国ですが、それでも「所変われば品変わる」と言われるように、各地方の食べものや古くから伝わる習慣があります。「その土地に行ったら、その土地の慣習に従え」といった意味で、生活の知恵としてよく使われる言葉です。

　これからの異文化コミュニケーションでは、必要なときは「郷に入って郷に従う」こともありますが、ただそれだけではなく文化の違いを敏感に理解して、お互いの違いを伝え合って、コミュニケーションの障害を乗り越えていけるでしょう。

【例文】
A子：日本では食事を始めるとき毎回、「いただきます」と言うそうですね。
B夫：郷に入っては郷に従え、だから君も日本に行ったら「いただきます」と「ごちそうさま」を忘れないようにね。

A：夏休み、1か月インドに行ってきたんだ。
B：へえ、でも食べ物とか習慣とかいろいろ違って大変だったでしょう？
A：ううん、郷に入っては郷に従え、で慣れればすごく楽しかったんだ。また行きたいな。

第九課　ビジネス電話

【場面設定】

李さんはアルバイトを探している時、洋子さんのご主人田中さんが、ガイドのアルバイトを紹介してくれたので、担当の佐藤さんに電話し、問い合わせました。その後、田中さんに電話で報告しました。

【登場人物】

李さん、田中さん、日系旅行社「株式会社ＪＣＴ」の佐藤さん、電話を受けたスタッフ

【場　　所】

① 李さんから日系旅行会社へアルバイトについて問い合わせる電話
② 李さんから田中さんに、日系旅行社の佐藤さんと連絡を取ったことを報告する電話

【学習項目】

1. 会社に電話をかけ、つなげてもらう表現
2. ビジネス電話のかけ方
3. 電話をきる時の表現

【間違い探し】

①
スタッフ：いつもお世話になっております。ＪＣＴでございます。
李さん　　：佐藤さんいますか。
スタッフ：佐藤ですね、少々おまちくださいませ。
李さん　　：はい。

佐藤さん：お電話かわりました。佐藤ですが…。
李さん　　：広東外語外貿大学の李です。アルバイトのこと聞きたいんですけど。
佐藤さん：ああ、李さんですか。どうも。田中さんから聞いていますよ。
李さん　　：あの、時間はいつですか。毎日ですか。いろいろ教えてください。
佐藤さん：はい。簡単に言いますと、主に日本から中国に来たお客様をいろいろな観光地へ案内するようなガイドの仕事です。ですから日本語ができる方でないと…。
李さん　　：私は日本語ができます。
佐藤さん：李さん、一度お会いしてから、詳しいことを話しましょう。今週だといつ都合がよろしいですか。
李さん　　：忙しいので、木曜日の午後ならいいけど。
佐藤さん：木曜日の午後ですね。では、今週の木曜日の午後2時に弊社にお越しいただけますか。
李さん　　：いいです。あの、何も持っていかなくてもいいですか。
佐藤さん：そうですね、履歴書を持ってきていただくか、メールで送っていただけますか。
李さん　　：いいですよ。
佐藤さん：では木曜日にお会いしましょう。失礼します。

李さん　　：お忙しいところを、お時間を頂いてありがとうございました。よろしくお願いいたします。

②

李さん　　：田中さんでいらっしゃいますか。私は李です。
田中さん：ああ、李さん、こんにちは。
李さん　　：先日はアルバイトの紹介、ありがとう。早速佐藤さんに電話してみました。
田中さん：それはよかった。面接はどうでしたか。
李さん　　：面接は今週の木曜日の午後なんです。でもいちおうお礼をいいます。
田中さん：李さんなら絶対大丈夫ですよ。日本語も上達したし、日本人とのコミュニケーションも上手だから。
李さん　　：いいえ、私は下手です。面接が終わったらまたご報告します。じゃ、また。
田中さん：がんばってください。失礼します。

【常用表現】

1. お忙しいところ失礼いたします。〇〇大学の李ですが…。
2. 求人情報を拝見してお電話したのですが…。
3. アルバイトを募集しているとお聞きしたので、お電話したのですが…。
4. 履歴書をお送りいたしますので、メールアドレスを教えていただけますか。

5．明日の午後でしたら、授業がありませんのでお伺いできます。
6．申し訳ございませんが、明日は授業がありますので、明後日の午後でもよろしいでしょうか。
7．突然お電話して申し訳ございません。
8．お電話で失礼いたします。
9．お伺いしたい事があるのですが、よろしいでしょうか。
10．お忙しいところ、大変失礼いたしました。

【日本文化と知識】

会社に電話をかけるときのマナー

　電話のかけ方について中国と日本には多少の違いがあります。日本ではまず自分の名前を名乗ってから話したい相手の名前を言い出しますが、中国ではまず話したい相手がそこにいるかどうか確認して、いない場合にはわざわざ自分から名乗らずに切ってしまうことが多いです。日本人に電話をする場合、自分の名前を先に言ったほうが無難です。言わないと「失礼ですが…」などと電話に出た相手に催促されてしまう。また、こんな場合の「失礼ですが…」の意味が分からず黙ったままだと相手も困ってしまうでしょう。親しい間柄なら別ですが、仕事や公の場合の電話では、自分の所属する会社名や部署、学校名などを言わなければ相手も安心できません。

＊ダイヤルする前
　相手の会社名や名前、用件を事前に確認。用件はあらかじめ整理して、メモにまとめておきます。

＊いきなり要件に入らない
　　「～の件でお電話いたしました」とまず前置きをする。用件が多い時は「今よろしいでしょうか」と相手の都合を確認するほうが良いです。

＊相手が出たら自分の名前を名乗り、あいさつをする
　　付き合いのある相手の場合
　　「○○大学の李です。いつもお世話になっております」
　　初めて電話をする相手の場合
　　「お忙しいところ失礼いたします。私、○○大学の李と申します」

＊呼び出してほしい相手の名前を告げる
　　「恐れ入りますが、○○部の佐藤様はいらっしゃいますか」

＊呼び出し相手が出たら、再度名乗って挨拶をする

　　　　「〇〇大学の李でございます。いつもお世話になっております」
＊用件は明確に、要点をおさえて簡潔に話す
　　　用件が長くなりそうな場合は相手の承諾を得てから話します。
　　　「〇〇の件ですが」
　　　「〇点あります。まず1点目ですが」
　　　「今よろしいでしょうか」
　　　「少々お時間をいただけますでしょうか」
＊話したい相手が不在の場合
　　　電話をかけたが担当者と話せないこともあります。そんなときでも電話を切ってしまわずに、丁寧に対応したほうが良いです。
　　　＜留守電だったとき＞
　　　そのまま切らずに、メッセージを残しておきます。
　　　「〇〇で貴社の求人情報を拝見し、お電話しました××と申します。また改めてご連絡申し上げます」
　　　＜その場合に応じて取り次いだ人に伝えるとき＞
　　　「かけ直しますので、電話のあったことをお伝えいただけますか」
　　　「お戻りになりましたら、お手数ですが折り返しお電話をいただけますでしょうか」
　　　「伝言をお願いできますか」
＊伝言を頼んだときは、用件が正しく伝わっているかを確認し、相手の名を聞いておく
　　　＜相手が復唱しないとき＞
　　　「念のため確認させていただきます」
　　　＜相手が名乗らないとき＞
　　　「失礼ですが、お名前をうかがわせていただけますか。」
＊折り返し電話をもらうときは、電話番号を伝えておくと、相手の手間が省ける
　　　「念のため電話番号を申し上げます」
＊締めくくりのあいさつをする
　　　「それでは、よろしくお願いいたします」
＊電話を切る。原則として、電話をかけた方が先に切る
　　　相手がお客様や目上の方の場合は、相手が切ってから受話器を置きます。
＊電話を切るとき
　　　ひと呼吸置いて静かに受話器を置く。ガチャンと切るのは感じが悪いので気をつけましょう。

【練習問題】

1．ロールプレイ

陳さんは大島先生が紹介してくれた翻訳のアルバイトをしています。陳さんの友達梁さんもそのアルバイトをやってみたいと言っています。アルバイト担当者に電話して、梁さんにも出来る仕事があるかどうか聞いてみます。

A：陳さん

大島先生から紹介していただいた翻訳のアルバイトはとても面白く、やりがいのある仕事です。その話を友人の梁さんにしました。すると梁さんもそのアルバイトに興味を示し、空きがあればやってみたいと言っています。アルバイトの担当小村さんに電話して、梁さんの意向を伝えてみます。

B：小村さん

知人である大島先生の学生陳さんは、翻訳の仕事をまじめにこなしています。最近新しい仕事が入ったので、また大島先生に連絡して学生を紹介してもらおうと思っています。そんな時、陳さんから電話をもらいました。

2．ロールプレイ

梁さんは友人陳さんの紹介で翻訳のアルバイトの担当者小村さんと会う約束をしました。しかし、その約束の日に、どうしても参加しなければならない特別講義ができてしまいました。小村さんに電話して会う日にちを変更してもらえるかどうか聞いてみます。

A：梁さん

今週の金曜日の午後、陳さんから紹介してもらったアルバイトの件で、担当の小村さんと会う約束をしました。しかし、今日学校からの連絡で金曜日の午後の特別講義に参加しなければならないと言われました。都合が悪いことを小村さんに正直に話し、会う日を変更しもらえるかどうか聞いてみます。授業の関係で、時間があるのは火曜日の午前中、木曜日と金曜日の午後だけです。

B：小村さん

今週の金曜日の午後、陳さんからの紹介で梁さんに会うことになっています。しかし梁さんから電話をもらい、当日どうしても参加しなければならない特別講義があるため、日にちを変えてもらいたいと言われました。来週の月、火曜日は出張の予定が入っています。

3．いろいろな問い合わせの電話をするとき、まず、電話でどうやって話し始めますか。次のa〜e表現を使って話しましょう。

電話で用件を切りです表現

a．〜のことでお電話したんですが…。

b．～を見てお電話したんですが…。
c．～の件でお聞きしたいんですが…。
d．そちらの～について詳しくしりたいんですが…。
e．あのう、～たいと思っているのですが
f．（～の）ご担当のかたはいらっしゃるでしょうか。

例）日本語模擬授業のアルバイトに応募の電話をかけて、週何回するのか聞きたい。
　　　アルバイトのご担当のかたはいらっしゃるでしょうか。日本語の模擬授業のアルバイトのことでお電話したんですが、週何かすればいいんでしょうか。

① アルバイトのチラシに、「ホテルの受付」のアルバイトがあった。資格が必要かどうか聞きたい。
　　_____

② 健康診断書を保健所で作りたい。いつ健康診断をやっているのか聞きたい。
　　_____

③ 東西大学のオープンキャンパスがいつ行われるか知りたい。
　　_____

④ 南北大学に、学費免除、奨学金など留学生のための制度があるかどうか聞きたい。
　　_____

4．次のビジネス電話のやり取りで、四択一で適当、不適当のものを選んでください。

1．販売課の市橋哲也が電話でお客さまに「送料が500円かかるんですけど，いいですか」と言ったところ，後で係長から言葉遣いを注意された。この場合市橋はどのように言えばよかったか。次の中から言葉遣いが適当と思われるものを一つ選びなさい。
① 「送料が500円おかかりしますが，よろしいですか」
② 「送料が500円かかりますが，よろしいでしょうか」
③ 「送料が500円おかかりになりますが，よろしいですか」
④ 「送料が500円おかかりいたしますが，よろしいでしょうか」

2．次は渡辺さんが外出中，携帯電話で通話したとき言ったことである。中から不適当と思われるものを一つ選びなさい。
① 相手の声が小さいため，よく聞こえないとき
　　「お電話が少々遠いようですが」
② 電話をかけたが，相手の声が途切れてよく聞こえないとき
　　「電波の状態がよくないので，おかけ直しいたします」
③ 少し雑音が入るが声は聞き取れるとき
　　「少々雑音が入っていますが，このままお話ししてもよろしいですか」

④雑踏の中で電話に出たとき
「周りが騒がしいので，すぐに場所を変えます。おかけ直しいただけますか」

3．E社の木村さんが電話に出たところ、相手は違う所へ電話したつもりだったらしく、「E社さんですか。」と驚いている様子である。「外出中に電話をもらったようで、今そのメモを見て電話している」と言って番号を読み上げたが、その番号はE社のものなので、番号の聞き間違いのようである。次はそのとき木村が続けて言ったことを区切ったものである。中から不適当と思われるものを一つ選びなさい。

①恐れ入りますが。
②その番号は私どもE社の電話番号でございます。
③番号が違うようですので。
④メモを書いた方にお確かめの上，おかけ直しくださいませんか。

【発表】

ビジネス電話のマナーについて発表してください。

【関連語彙】

略歴（りゃくれき）⓪	简历
時給（じきゅう）⓪	计时工资
日給（にっきゅう）⓪	日薪
日雇い（ひやとい）⓪	日工
派遣（はけん）⓪	派遣
人材派遣会社（じんざいはけんがいしゃ）⑥	人材服务公司
募集要項（ぼしゅうようこう）④	招募要点
アクセス①	交通手段
勤務地（きんむち）③	工作地点
最寄（もよ）り駅（えき）③	最近车站
シフト制（せい）⓪	变换制
早番（はやばん）⓪	早班
遅番（おそばん）⓪	晩班
夜勤（やきん）⓪	夜班
アルバイト①	临工

能力給（のうりょくきゅう）④③	能力工资
まかない⓪③	料理，处理
交通費支給（こうつうひしきゅう）③	车费支给
週休二日制（しゅうきゅうふつかせい）⓪	双休日制度
早退（そうたい）⓪	早退
休憩（きゅうけい）⓪	休息
残業（ざんぎょう）⓪	加班
休暇（きゅうか）⓪	休假
出張（しゅっちょう）⓪	出差
転勤（てんきん）⓪	调动工作
タイムカード④	考勤卡
就職（しゅうしょく）⓪	就职、就业

 【コラム】

鬼とお化け

　中国でも日本でも「鬼」は人を怖がらせるものですが、同じ「鬼」でも中国語の意味のままで使うと日本人が思いつく「鬼」とは異なります。「鬼」と聞いて日本人がおそらく最初に思い浮かべるのは桃太郎が退治した鬼や「鬼は外、福は内」と言われながら節分の豆をぶつけられる鬼でしょう。　人間と同じように二足で立ち、体の色は赤や青、目をむき出して髪を振り乱し人間をいじめたり悪いことをするのが「鬼」です。

　中国語の「鬼」はわりと範囲が広く、霊魂、妖怪、怪物、そしてホラー映画まで鬼の映画と呼ばれる。つまり中国語の「鬼」は日本語の「お化け」に近いといえる。そのため「鬼の映画を見たから鬼が怖くてトイレに行けない」というところを「ホラー映画を見たからお化けが怖くてトイレに行けない」というと中国語と日本語の意味がほぼ同じになります。

　中国語の「鬼」という言葉の使い方で日本語にはないものに「胆小鬼」や「貪食鬼」などがあります。これらは日本語で「臆病者」、「食いしんぼう」となり、「鬼」がもつ独特のおもしろさをそのまま伝えることができません。

　また日本語には中国語にはなさそうな「鬼」が付くことわざや表現も多いです。それは日本語の「鬼」が万人に共通した「赤や青の怖い顔でトラ皮のパンツをはいて、金棒を振り回して子供たちを追いかけてつかまえて食べてしまう」という怖いイメージをはっきり持っているからでしょう。

<鬼に金棒>ただでさえ強いものに、更により強いものが加わること
　例）あのチームにあの選手がトレードされたんだから、鬼に金棒だね。

<鬼の目にも涙>無慈悲で冷酷なまるで鬼のような人にも、時には同情や慈悲の心が生まれるというたとえ
　例）あの事故で奥さんが大怪我したとき、さすがにあの威張りくさったご主人も大泣きしたそうよ。鬼の目にも涙ね。

<渡る世間に鬼はない>世の中には鬼のように薄情な人ばかりいるわけではなく、困っているときに助けてくれる人もいること
　例）携帯をタクシーの中に忘れちゃって、あきらめていたのに、さっき警察から連絡があって届けてくれた人がいたんだって。渡る世間に鬼はないって本当だね。

<鬼ばばあ>まるで鬼のように恐ろしく、なりふりかまわずところかまわず大声で怒鳴り散らすようなおばさん
　例）結婚する前はあんなにおしとやかだったのに、今じゃすっかり鬼ばばあになっちゃった。あーあ、家に帰りたくないなぁ。

第十課　面接

● 【場面設定】

　　李さんは田中さんが勤務している会社で働きたいと思い、筆記試験を受けたところ合格し、面接の段階になりました。日本人の面接官・人事部長の高橋さんの面接を受けます。

● 【登場人物】

　　李さん、人事部長高橋さん

● 【場　　所】

　　田中さんの会社の面接室

● 【学習項目】

　　1．面接の質問への答え方
　　2．自己アピールの仕方
　　3．相手に好印象を与える話し方

【間違い探し】

部長　　：はい、どうぞ。
李さん　：あ、どうも、こんにちは。
部長　　：李さんですね、どうぞここにおかけください。
李さん　：はい。
　　　　（席について）
部長　　：ではさっそく、今からいくつか質問をいたしますのでお答えください。
李さん　：はい。よろしくお願いいたします。
部長　　：李さんが弊社を志望した理由はなんですか。
李さん　：お会社は有名な会社です。この業界ではとても影響力があり、社会への発展を促進しています。さらに世界経済の発展にとっても、大きな力を与えます。
部長　　：弊社にどんな魅力を感じていますか。
李さん　：貴社は、庶民の生活にとって不可欠な部分となっています。それだけではなく、優れた人材をたくさん育てています。
　　　　さらに貴社には社員に対するいい政策があります。貴社で発展の空間がいい。
部長　　：その他に何かありますか。
李さん　：はい。現在広州には多くの日系企業がありますが、お会社は自動車業界で一番有名だし、給料もけっこういいそうですね。私は通訳になりたいので事務の仕事はちょっと…。通訳を希望します。
部長　　：なるほど、そうですか。では李さんは通訳を希望しているんですね。では次の質問ですが、李さんご自身についてお伺いします。履歴書に性格は明るいと書かれていますが、友人からもそう言われていますか。

李さん　：はい。友達はよく私のことをうるさいと言います。おしゃべりが好きで、誰とでもしゃべれます。

部長　　：では、あまり落ち込むことはないんですか。

李さん　：時々あります。しかし、またすぐ元気になれるタイプです。

部長　　：李さんの趣味は何ですか。なぜそのことに関心を持ちましたか。

李さん　：私の趣味はいろいろありますが、その中でも特に絵を描くことや、映画等を鑑賞することに最も興味があります。外国の文化が大体分かります。日本の祖国の美を現しています。貴社の理念は文化交流です。私の考え方と通じています。

部長　　：アルバイトやボランティアの経験があれば教えてください。

李さん　：一年生から喫茶店でアルバイトをしています。あそこでウェトレスとして働いて、いろいろなことが勉強になりました。
　　　　　例えば、仕事に対して真面目な態度を持たなければなりませんし、協調力と応変力を必要とする。細かいことに気が付くので、気配りができるようになります。

部長　　：結婚しても、仕事を続ける予定ですか。

李さん　：結婚のためにとまりません。夢をあきらめることはしません。人生の豊かな時間を作ります。引き続き仕事を続けます。両立することができます。

部長　　：もし、仮に当社の社員として採用された場合、あなたはどのような会社にしていきたいですか。あなたの抱負を聞かせて下さい。

李さん　：小さいころから、自動車には興味深いです。自動車会社にも興味があります。貴社の企業理念は、社会に責任を持つ、そして中国と日本、あるいは日本と世界の関係を進めていくという理念です。関係をつなぐ橋だと思います。

部長　　：わかりました。では、これから３分間くらいで自己ＰＲをお願いします。

李さん　：はい。それでは始めさせていただきます。

（自己PRが終わって）
部長　　：今日はおつかれさまでした。
李さん　：ありがとうございました。
部長　　：今日の面接の結果は、来週の月曜日に電話でお知らせします。
李さん　：はい、わかりました。月曜日の午前中は授業なので午後かけてもらえますか。
部長　　：いいですよ。もし授業中でしたら後でお電話ください。
李さん　：はい。今日はありがとうございました。
部長　　：こちらこそ。おつかれさま。
李さん　：どうも。
（席を立って一礼）

【常用表現】

1. それではこれから簡単な自己紹介をさせていただきます。
2. 申し訳ありませんが、もう一度おっしゃっていただけませんか。
3. 今のところまだはっきりとお答えできませんが…。
4. 御社の業務内容に大変興味を持っております。
5. 御社は常に業界トップとしての実績をもっていらっしゃいます。
6. 御社の中国におけるマーケティング活動は大変興味深く思います。
7. どんなことがあっても挫けないのが私の長所だと思います。
8. 大学に入ってから学生会の活動を通して、さまざまなことを学んできました。
9. 御社に採用させていただいた場合、日本語を活かして日中の架け橋になりたいと思います。
10. 申し訳ありませんが、今回は採用を見送らせていただくことになりました。

【日本文化と知識】

面接を受けるときのマナー

＜前日までにしておくこと＞

まず、面接を受ける会社の情報を入手し、ホームページや会社資料などをチェックして

その会社のアウトラインを頭に入れておきます。創立年、社長の名前、会社のポリシー等は必ず覚えておいた方が良いです。日系の会社の場合、日本の本社の所在地や日本でその会社の業界でのランクや、中国にある支店の場所など、調べられることは事前に調べておきます。これは面接のときに直接聞かれないことかもしれませんが、自由に話す時間があるときに自分の知っている情報を交えて話せば、ちゃんと会社について学習してきたと思われ、好感を持ってもらえるでしょう。また、会社の福利厚生なども調べられる範囲で情報を入手しておくと、自分から質問できるでしょう。もし先輩や知人がその会社に入っていたら、彼らから直接聞いてみるのも良いです。

意外に忘れられがちなのが、自分が書いた履歴書の内容です。自分で書いたのにもかかわらず、忘れてしまって、面接のときに趣味を聞かれ全く違うことを答えてしまったという人もいます。自分で書いたものは頭の中にちゃんと入れておき、質問されたとき同じ内容を答えるようにしましょう。また、Ａ社に書いた履歴書をうっかりＢ社に送ってしまったという人もいるので注意したいところです。

面接で何を聞かれるかは、確かにその時になってみなければわかりませんが、事前に質問されそうなことをメモしたり、練習してみた方が良いです。頭の中で部屋をノックしてから出てくるまでをシュミレーションすると、少しは気も落ち着くでしょう。

＜面接当日の身だしなみ＞

どんなにすばらしいキャリアや学歴を持っていても、当日相手を不快にするような格好で面接に臨んだら台無しです。一般的にいえば面接の時の服装は誰もが似通っているもので、個性がないのも当然です。つまり服装や身だしなみで人を判断するわけではありませんが、逆に言えば、面接官は同じような格好をしている人の中で、自分たちが望む人材を選ぶのが仕事です。没個性だと思わず、面接に適した身だしなみで行くのが良いでしょう。

まず服装に気を配る前に、面接当日の朝は早めに起きて自分の顔を鏡でチェックしてみましょう。男性の場合、ヒゲはちゃんと剃ってあるかも印象にかかわるので注意したいものです。眼鏡をかけていることを気にする女性もいますが、実は面接自体に影響は少ないようです。もしする、またはつけるなら、当日より前になれておく必要もあります。自分の表情も一度チェックしておくのもよいでしょう。自分の顔を一番知らないのは自分だといわれますが、笑ったときの目元や口元の表情などは、他の人から見るとよく気になるところです。

服装は男性なら白いワイシャツにネクタイ、黒か紺のスーツ、女性は白いブラウスに派手な色を避けたスーツが一般的です。みんなと全く同じでなければならないわけではなありませんが、気をつけたいのは清潔感があるかどうかです。新調したスーツがアイロンをかけずシワシワだったり、白いブラウスが黄ばんでいては残念です。高級なものより清潔感を優先しましょう。間違えても流行のスタイルだからといって、雑誌から抜け出したような服装や、肌の露出が多いものは避けましょう。

髪型については、最近日本の企業でも面接に茶髪で行く人も増えています。女性の場合あまり気になりませんが、男性の茶髪はあまり好ましくないと思われる場合もあるので注意しましょう。髪は黒くても、整髪料を付けすぎたり流行の最先端のスタイルは目立ってしまいマイナス印象になる場合もあります。髪型にもやはり清潔感を忘れないでほしいものです。

　女性の場合、気になるのはメイク（化粧）についてでしょう。日本ではメイクをしていないと元気がないように思われ、また相手に対しても失礼だという受け止め方もあります。メイクは社会人としてはいわば当たり前にすることであり、やりすぎやノーメイク（化粧をしていないこと）は社会人としてふさわしくないと思われます。面接の際も軽くメイクした方が良いかもしれません。特に日系企業の面接の場合、服装はスーツなのにノーメイクならば、どこかちぐはぐな印象をもたれてしまうかもしれません。メイクを普段しない人は抵抗を持つかもしれませんが、社会人になれば多くの女性がメイクするようになるので、第一歩と考えても良いかもしれません。普段しない人は特に面接前に練習したり、化粧品を買うときにアドバイスを受けた方が良いです。流行のメイクや、濃い色の口紅などはやはり面接を受けるときには不向きなので、顔色が良く見えるような薄いメイクで十分です。ナチュラルなメイクを心がけましょう。また濃い色のマニキュアは避け、薄い色や透明なものにした方が良いです。

　靴は着ているスーツに合っているもの、サイズがぴったりのものであれば高級なものである必要はありません。女性の場合スーツを着たらやはりヒールのあるパンプスを履きますが、履きなれていないため面接会場に着くまでに、足に靴擦れができて痛い思いをする人も少なくありません。そのため面接が決まったら、男性も女性もまず靴に慣れるように何回か履いてみることをおすすめしたいです。バッグはできれば履歴書やＡ４サイズの資料を折り曲げないで入れるような大きめの方が良いです。女性で小さいショルダーバッグを持っていく人は、別にＡ４サイズのファイルを持っていく方が良いです。

　＜時間厳守で＞

　面接の時間に遅れていくことは誰がどう見ても「その会社には入れない」と思ってしまうほど、もっとも罪深いものです。もしも前日までに何かの理由で行けない場合、マイナス印象になるかもしれませんが、前もって報告したという経緯もあります。しかし当日は具合が悪くなっても、車が渋滞していても、地下鉄が急に事故で止まってしまっても遅刻は遅刻に変わりはありません。つまり十分に間に合うように出発し、早く着いてしまったら面接の練習をしようというくらいの気持ちで出かけましょう。それには前もって面接会場までのアクセスを調べておく必要があります。

　＜グループ面接＞

　面接とは言っても一人だけで受けるのではなく、今ではグループディスカッションなどがかなり多くの会社で実施されている。これは何人かを同時に比べられるという会社側に

とっては理にかなった方法であり、また仕事は一人でするものではないので、相手への思いやりや他人への態度などをチェックできるテストです。グループディスカッションでは思ったことを勝手に言ったり、他の人の話を聞かないような人はもちろんダメですが、他人の話ばかり聞いたり、消極的な意見しか出さないようでもいけません。バランスのとれた態度、つまり意見を言うときは堂々と、そして相手の話を最後まで聞いてから意見を出すような人が望ましいです。人の言ったことにケチをつけるのではなく、自分と意見が違う人にもおおらかに対応しなければいけません。

【練習問題】

1. 日本企業の面接で3分間で自己ＰＲするように言われました。自分の長所を中心に自己アピールの練習をしましょう。
<自己PR（パブリック・リレーションズ（Public Relations、略称：PR）について>
自己PRのポイント
　① 自分の能力
　② 自分の性格
　③ 会社と自分の将来（目標、計画）を説明する
自己PRの表現のポイント：
　①「〜ができます。」よりも「〜が得意です。」の方が能力をよりアピールでき、「私は〜という性格です。…〜という人です。〜な人です。」と言うよりも、「私は〜な人と家族や友人から言われます。」の方が客観性もあるので、その方が聞いている人に伝わりやすい表現となる。
　② 最初と最後は、「今日はこのような機会をいただきありがとうございます。」や、「貴社に採用していただけるのでしたら、精一杯努力します。」等のように、日本人がよく使う表現として、すでに決まった言い方が多いので、注意した方が良い。
　③ 将来の自分の計画や目標を言うのはよいが、5年後に部長になりたいとか、早く昇進したいとか、自分の理想的な会社での出世に関する計画を自己ＰＲや面接の際で話すのは、相手にあまり良い印象を与えないので、やめたほうがよい。
　④ 経験を話す時には、アルバイトであれ、ボランティアであれ、何をしたかよりも、それをして何を学んだかに重点が置かれるので、何をしたかを簡単に説明し、何を学んだかを強調できるような自己ＰＲにした方が良い。
2. 面接で聞かれそうな質問を考え、ペアになって受け答えを練習しましょう。
3. グループディスカッションとして5人一組になり、さまざまなテーマについて討論しましょう。5人のうち一人は面接官として進行役をします。テーマは「自分の趣味と

特技を紹介する」というようなカジュアルなものと「仕事と家庭の両立」など難しいものを選びます。
4. 模擬面接：面接官二人で応募者が一人で次の項目について（入学の面接、アルバイトの面接、就職の面接）模擬面接をしましょう。

【発　表】

面接を受けるときのマナーについて発表してください。

【関連語彙】

自己（じこ）アピール ⓪	自我推销
志望動機（しぼうどうき）④	应聘理由
茶髪（ちゃぱつ）⓪	茶头发
パンプス ①	女用浅口无扣无带皮鞋
メイク ①	画眉
ブラウス ②	女衬衣
アイロン ⓪	电熨斗
スーツ ①	西服
ショルダーバッグ ⑤	挎包
シミュレーション ③	模拟演示
福利厚生（ふくりこうせい）④	福利项目
ポリシー ①	政策
適性（てきせい）⓪	适应性
資質（ししつ）⓪	素质
エピソード ①③	佳话
モチベーション ③	动机形成
メーカー ①	厂商
商社（しょうしゃ）①	贸易公司
流通（りゅうつう）⓪	物流
コンサルタント ③	顾问
サービス ①	服务
職種（しょくしゅ）⓪①	职种

業界（ぎょうかい）⓪	行业
昇進（しょうしん）⓪	晋级
人事異動（じんじいどう）④	人事调动
社員研修（しゃいんけんしゅう）④	职员培训
総務職（そうむしょく）③	总务职务
人事労務職（じんじろうむしょく）⑥	人事劳动职务
経理職（けいりしょく）③	财务，会计职务

【コラム】

すみません

　辞書には「謝罪の意味と感謝の意味を表すあいさつ語」と出ています。しかし、この「すみません」ということばは、もともとは謝罪の意味のほうが強かったようです。「すまない」は「澄む」の打ち消しのことばで「心が澄み切らない、すっきりしない」という意味だったのです。その「すまない」を、ていねいにいったのが「すみません」です。

　現在のように、感謝の意を含むのは、「何のお返しもできずすみませんといった意味」からきているという説もあります。「すみませんが○○してください」、「ちょっとすみません」など、依頼や呼びかけの際に用いる「すみません」は、軽い謝罪の意味があるからと考えられます。

　（例）
　A：「これ、入学祝いです。受け取って。」
　B：「どうも、すみません。気を遣わせてしまって。」
　A：「ちょっと、すみません。後ろを通していただけますか。」

第十一課　誕生日パーティー

【場面設定】

　　洋子さんは週末に田中さんの誕生日パーティーを計画しています。その集まりで、以前から女の子を紹介してほしいと頼まれていた岡田さんに李さんの先輩・陳さんを紹介しようと思っています。まず李さんに電話をかけ、パーティーの当日岡田さんに陳さんを紹介することを相談しました。

【登場人物】

　　田中さん、洋子さん、李さん、岡田さん、陳さん、田中さんの同僚

【場　所】

　　電話（洋子さんから李さん）→ホテルの日本食レストラン

【学習項目】

　　1．知人と会食するときの表現
　　2．パーティーなどでの会話の楽しみ方
　　3．お祝いする時の表現

【間違い探し】

（洋子さんから李さんへ電話）

李さん　　：はい、李です。
洋子さん：洋子です。李さん、今電話大丈夫ですか。
李さん　　：ああ、洋子さんですか。いや、大丈夫ですよ。
洋子さん：李さん、実はちょっと相談したいことがあるんですけど。
李さん　　：はい、何でしょうか。
洋子さん：実は今度の日曜日が主人の誕生日なので、主人の同僚の方に集まっていただいてお食事でもどうかなと思っているんですが、李さんのご都合はいかがですか。
李さん　　：田中さんのお誕生日なんですか。おめでとうございます。ぜひ私もご一緒させてください。
洋子さん：あの、前から思っていたんですけど、李さんの先輩に陳さんっていう方いますよね。実は陳さんにご紹介したい方がいるんです。
李さん　　：そうなんですか。陳先輩も実は恋人ができたいです。ところで、どんな方ですか。
洋子さん：主人の部下の岡田さんなんですけど。
李さん　　：あ、岡田さんなら前に一度お会いしたことがあります。確か彼は優しいので温厚な人です。
洋子さん：陳さんが恋人募集中ならちょうどよかった。ぜひ李さんから陳さんに日曜日の夜ご都合がいいかどうか、聞いてみてもらえませんか。
李さん　　：はい、分かりました。では、陳先輩に伝えておきます。時間と場所が決まり次第、またご連絡をくれますか。

（当日レストランで）
李さん　　：田中さん、お誕生日おめでとうございます。
陳さん　　：お誕生日おめでとうございます。今日はお招きありがとうございます。
田中さん　：李さん、陳さん、ありがとうございます。せっかくのお休みの日に、すみません。
李さん　　：いいえ、とんでもありません。田中さん、プレゼント何がいいか迷ったんですけど、陳さんといっしょに決めました。洋子さんとお揃いのものにしました。
田中さん　：わざわざすみません。ありがとうございます。
李さん　　：じゃ田中さん、開けてみてください。
田中さん　：そうですか。じゃ。（プレゼントを開けて）本当にお揃いですね。ありがとう。
洋子さん　：あら、かわいいコーヒーカップ、ありがとうございます。
陳さん　　：喜ばせてあげて嬉しいです。
洋子さん　：あ、主人の会社のみなさんがいらっしゃいました。では、みなさん、こちらのお席にどうぞ。今日は遠慮なくたくさん召し上がってくださいね。

田中さん　：陳さん、こちらはうちの会社で営業を担当してもらっている部下の岡田健一さんです。
陳さん　　：初めまして。陳と申します。今日は皆さんにお会いできて、大変ありがたいです。
田中さん　：岡田君はとても優秀な社員で、部下に対する面倒見もいいし、将来もうちの会社にとって欠かせない重要な人材です。
陳さん　　：そうなんですか。素晴らしい方ですね。岡田さん、中国にはもうずっといるんですか。
岡田さん　：まだ1年経ったばかりです。中国へは今回の赴任が初めてです。

陳さん　　：そうですか。中国での生活は、日本とはきっと違うでしょうね。岡田さんの故郷はどちらですか。

岡田さん：私は東京出身です。生まれてから去年まで、ずっと東京です。

陳さん　　：東京なんですか。私は東京へは行ったことがまだありません。ところで、岡田さんの趣味は何ですか。

岡田さん：趣味はたくさんありますが、映画鑑賞やスポーツはよくやりますよ。陳さんの趣味は何ですか。

陳さん　　：私はスポーツなら、バドミントンが好きです。

岡田さん：そうですか。では、ぜひ今度一緒にやりましょう。

陳さん　　：はい、ありがとうございます。

岡田さん：食べ物ではどんなものがお好きなんですか。

陳さん　　：私は広東料理なら何でも好きです。日本料理なら肉じゃがとか、カレーが好きです。日本の酢豚もとても美味しいです。忘れられないことになりました。

岡田さん：カレーは日本料理じゃないですね、ははは。

陳さん　　：あ、そうでした。カレー料理はインドでした。ははは。私はカレーを作ることが上手です。

岡田さん：そうなんですか。ではバドミントンをした後、陳さんのカレーを食べてみたいですね。

陳さん　　：ははは。よろしいですよ。家まで来てくれたらごちそうしますよ。しかし、中国の男はやさしいから、女性に料理をくれる男が多いんですよ。

岡田さん：あ、中国の男性ってみんなそうなんですか。私は正直言うと、料理は苦手なんです。

陳さん　　：…。（しばらく無言のあと）なぜ料理ができませんか？

岡田さん：…。（しばらく無言）

李さん　　：岡田さん、陳先輩はいつも寿司が好きです。

岡田さん：お寿司ですか。中国ではけっこう人気がありますね。そうだ、陳さん、何か飲み物でもいかがですか。

陳さん　　：ああ、はい。すいません、話に夢中で飲み物を注文するのを忘れてました。

岡田さん：陳さんって面白い方ですね。

陳さん　　：ところで、さっきの料理の話なんですが。

岡田さん：…。

洋子さん：みなさん、それでは、そろそろケーキを食べたいと思いますがいかがでしょうか。

田中さん：今日は本当にみなさんに集まっていただいて、うれしい誕生日になりました。若いみなさんといっしょに過ごせて、誕生日というよりひとつ若くなったような

気がします。では…。（キャンドルを吹き消す）
全員　：おめでとうございます。（拍手）

【常用表現】

1. たくさんの幸せが訪れますように。誕生日おめでとう！
2. お心遣い本当にありがとうございました。
3. お気持ちは十分いただきました。
4. お祝いにいただいた〇〇は、いつまでも大切に使わせていただきます。
5. この度は、結構なお祝いの品をいただき、誠にうれしく思います。
6. ずっと前から欲しかったの。
7. ほんのお礼の気持ちですから、受け取ってください。
8. まあ素敵！ありがたく頂戴します。
9. お誕生日おめでとうございます。一緒にお祝いできなくて残念ですが、お祝いの気持ちを贈ります。
10. 〇〇さんが来てくれたら、いっそう楽しくなりそうです。

【日本文化と知識】

パーティーでのマナー

　知り合いに誘われていったパーティーや気軽な食事会などでも、その場で初めて会う人も多いものです。まず自分が誰といっしょに来ているのか、誰の紹介でここに来たのかを考え、その知人の方を立てる姿勢を持ちましょう。そして知人が紹介してくれた方には、明る

くあいさつしましょう。初めて会った人と、どんな話をすればいいのか困る場合もあるかもしれません。その場合、いきなりプライベートな質問などは絶対にしないように気をつけます。

＜いきなり聞いては失礼にあたること＞
＊恋人はいますか。
＊結婚していますか。
＊おいくつですか。
＊何年生まれですか。
＊どんなタイプの男性・女性が好きですか。
＊会社はどちらですか。
＊給料はどのくらいもらっていますか。
＊仕事を探していますか。

ゆっくり話していくうちに、相手がどんな話題に興味をもっているのか、わかってくるものです。そこからいろいろな話の流れで、恋人の話題になるのはもちろんかまいませんが、会っていきなり男女間の話をすると、まるでここに来た目的が恋人探しだと思われてしまうかもしれません。

＜当たり障りのない話題とは＞
＊故郷はどちらですか。
＊どんなお仕事をされているんですか。
＊ご専門は何ですか。
＊ご趣味はどんなことですか。

立食パーティーとは

そもそも立食パーティーとは、ゲストや同士やホストとの会話を楽しむのが大きな目的です。誰とも話さずに食べてばかりいたり、同じ場所でじっとしてるのはマナー違反です。初対面の人にでも積極的に話しかけましょう。

また、大勢の人が料理や飲み物を持って移動しているので、常に周囲に気配りを怠らないことも大切です。

立食パーティーのNG

では、立食パーティーでのNG行動は何があるでしょうか。

歩きながら食べる

会場内を自由に歩きまわれるからとはいえ、歩きながら食べてはダメ。飲食は立ち止まってからするようにしましょう。

料理テーブルの近くに立つ

料理テーブルの近くで話し込んだり、食べていると、料理を取る人の邪魔になります。

夢中になっていると、自分がどこにいるのか判らなくなってしまいますよね。
　ですが、ちょっとだけ、意識を外にも向けてみてください。そうすれば、自分が今他人の邪魔になっているかどうか分かるかと思います。お話をするのはビュッフェ台から離れてからするようにしましょう。

急に立ち止まる、振り返る
　大勢が手に皿や飲み物を持っていることを忘れないでください。ぶつかって、食べ物などがこぼれないように注意してください。

イスに座る、荷物を置く
　会場の端に並んでいるイスは、疲れた人や年配の方体の不自由な方のためのもの。元気な人は座るのはやめましょう。あくまでも立食パーティーであることを忘れないでください。

友達の分まで料理を取る
　自分の分は自分でとるのがルール。複数の皿を同時に運ぶのはマナー違反とわきまえてください。

皿を大盛りに料理を取る
　何度お代わりしても自由なので、一度に盛る量は、食べきれる量にしましょう。残すのはマナー違反です。

料理を取る順番は？
　料理を取る順番はオードブルからはじめ、並んでる順番にとっていってください。
　一般的には
- オードブル
- スープ
- 魚料理
- 肉料理
- サラダ
- デザート

のように、コース料理に準じて並んでいます。盛る量は「皿に7割」を目安に、2〜3品を。山盛りにするより、何度かお代わりに行くほうが上品です。

グラスとお皿の持ち方は？
　移動するときは片手で持つとスマートです。
　親指と人差し指でグラスをつかみ、残り3本の指で皿を下から支えましょう。ナイフやフォークは薬指と小指の間に挟んで。皿とグラスは胸の高さで持つようにします。

服装や持ち物で気をつけることは？
　動きやすい服装、手に持たないバックを心がけましょう。

ゆったりとしたワンピースなどがお勧めです。アクセサリーやスカーフなどで華やかさを出すのもお勧め。皿やグラスなどで手がふさがるので、バックはショルダータイプなど、手に持たないものにしましょう。

靴に関しては、多少ヒールがあって、履き慣れた靴が◎。パーティーで普段履かない靴で行くことも多いかと思いますが、ずっと立っているので、足が痛くなってしまっては元も子もありません。できるだけ、足に優しい靴にしましょう。

【練習問題】

1．グループ　ロールプレイ

場面設定：男女5人ずつで合コンをすることになりました。男性5人と女性5人両方の代表者を決め、それぞれを相手に紹介していってください。その5人の個性などをうまくだせるような紹介にしてください。

2．ロールプレイ

女性だけの楽しい会話

　　A：あなたは日系企業に勤めている中国人社員です。日本の本社から短期出張で中国の支社に来た大森さんを元クラスメートBさんとの食事会に連れて行きました。最近出張で日本へ行って帰ってきたばかりです。

　　B：Aさんの元クラスメートのBさんは卒業してから日本語を話すチャンスがなかったので、今日の集まりを楽しみにしていました。Aさんと大森さんに日本の様子や女性ならではのファッションやメイクの話を聞いてみたいと思っています。

　　C：あなたは日本人女性で大森といいます。短期出張で一ヶ月間中国に来ています。Aさんに連れられてBさんも一緒に食事します。Bさんに日本のことを質問されますので答えてください。

3．サイコロゲーム

まずサイコロを一つ用意してください。参加する人は一人ずつサイコロを振って出た数字によってそれぞれの内容で話します。

　1が出た時：今まででいちばんうれしかった話

　2が出た時：私の自慢話

　3が出た時：ふるさとの話

　4が出た時：もらって嬉しかったプレゼントの話

　5が出た時：趣味の話

　6が出た時：私の失敗談

4．ロールカード

A：あなたは中国人学生、陳さんです。今、日本人の友人吉岡（よしおか）さんの誕生会に来ています。会場で隣に座った日本人留学生杉浦（すぎうら）さんは、以前にどこかで会った気がしています。親しくしたいと思い、声をかけて話しをしてください。

B：あなたは日本人留学生杉浦さんです。今、吉岡さんの誕生会に来ています。以前に一度交流会で陳さんと会ったような記憶があります。しかし、話しをしたことはありません。杉浦さんも陳さんと親しくなりたいと思っています。

初めて会話をする時のきっかけは、
1．出身地　2．会の主催者との関係　3．趣味の話→映画・スポーツ・音楽・旅行
4．大学の専門　などから

【関連語彙】

温厚（おんこう）⓪	敦厚
鑑賞（かんしょう）⓪	鉴赏、观看
心遣い（こころづかい）④	挂虑、心意
ホスト①	主人
気配り（きくばり）②	关照
ビュッフェ①	自助餐
オードブル①③	西菜小吃、前菜
山盛り（やまもり）⓪	堆得像山一样
スマート②	漂亮

【コラム】

「あなた」に注意しましょう

日本語を覚え始めたとき、「私は中国人です」の文型を使っていろいろな代名詞を当てはめてみたことでしょう。「わたし」の次は「あなた」、その次は「彼」、「彼女」だった

かもしれません。文法を学ぶ上で必ず通らなければならない段階なので、仕方ありませんが、実際に二人きりで話をするとき、一般的に日本人は、特別な場合を除いて「あなた」を使うことはありません。二人きりの場合、実際「わたし」や「あなた」を使う必要はありません。それは「わたし」や「あなた」を使わなくても意味が通じるからです。二人きりで話す状況では、よほどのことがない限り相手の名前を知らないということはないでしょう。だから「あなた」の代わりに相手の名前で呼んだり、呼びにくいときは「ねえ」、「あのさあ」など相手に注意を喚起する言い方をするほうが自然です。もし自分より年配だったり上司だったりする場合は、「社長」、「先生」などの身分や役職名で呼ぶほうが無難です。

　日本語を学習者は「あなた」には「你」の他に「老公」の意味があることを習ったことがあるでしょう。そのため女性は「老公」ではない男性に「あなた」を使うことを避ける傾向がありますが、それは間違いで、逆に「あなた」と呼んだら二人の距離が遠くなる可能性があります。というのも相手を「あなた」と面と向かって呼ぶときには、相手を批判したり、相手に文句を言ったりする場面でよく使われるからです。そのような理由で、普段「あなた」と言わない人に急に「あなた」を使われると、「この人はどうして私をあなたって言ったんだろう」と考えてみたくなるものです。「あなたのそんなところがいやなの」、「あなたはわたしのことどう思ってるの？」などの表現は、ドラマでもよく使われますが、こういった表現は普段使わない「あなた」を使って効果的に相手に自分の意思を伝えるという効果があります。

　単数の「你」ではなく、複数の「你们」の場合も注意が必要です。「你」を単純に「あなた」と訳す前に日本語での意味を踏まえてみましょう。まさか「你好」というあいさつを「あなたいいです」と訳す人はいないでしょうね。

　注意すべき言い方
　【「あなたたち」「あなたがた」】→「お二人」（相手が二人の時）、「みんな」、「みなさん」（3人以上）
　　例）「あー、やっと来たか、遅かったね、みんな。もう20分も待ってたんだよ。」
　【「彼ら」「彼女たち」】（知り合い）→「○○さんたち」（その中の一人の名前を使う）
　　例）「今度の土曜日のカラオケ山田さんたちも来るって。」
　【「彼ら」「彼女たち」】（親しくない）→「あの人たち」
　　例）「私たちは車で行くけど、あの人たちはどうやって行くのかなあ。」
　【「彼」】→「○○さん・くん」「あの人」「あの子」（話し手との親しさによって異なる）
　【「彼女」】→「○○さん・ちゃん」「あの子」「あの人」（話し手との親しさによって異なる）

第十二課　学校案内

【場面設定】

李さんとクラスメートの陳さんは、姉妹都市の友好関係により福岡から広州に来た役所の方を案内することになりました。李さんと陳さんは交流団体の代表鈴木さんの通訳を担当します。学校の正門で待ち合わせ、キャンパスを案内して交流パーティーに出席します。

【登場人物】

福岡市役所の鈴木さん、李さん、陳さん

【場　　所】

学校の正門（待ち合わせ）
キャンパス内（案内）
パーティー会場（接待）

【学習項目】

1．お客様を接待する時の表現
2．お客様を案内、引率する時の表現
3．キャンパスを案内する表現

【間違い探し】

（学校の正門で鈴木さんがタクシーから降りる）
鈴木さん：あの、福岡から参りました鈴木ですが、李さんと陳さんでいらっしゃいますか。
李さん　：はい。広東外語外貿大学の李です。鈴木さん、どうもはじめまして。
陳さん　：鈴木さん、ご苦労様です。私は陳です。
鈴木さん：初めまして。今日はよろしくお願いします。私は中国語がまったくダメなんですよ。
李さん　：私の日本語が足りないところもあります。でもがんばりますので、よろしくお願いいたします。
陳さん　：まずキャンパスを歩いてみて、パーティーのところへ行きましょう。
鈴木さん：はい。ではお願いします。
陳さん　：これは第一教学棟で、5階には日本語学科の事務所や研究室があります。
鈴木さん：では授業もここでするんですか。

李さん　：いいえ、授業はあっちのビルやいろいろなところでやります。
鈴木さん：緑が多くて気持ちがいいキャンパスですね。
陳さん　：はい、そうですね。気持ちがよさそうです。
李さん　：ここは図書館です。静かなのでここへ来て勉強する学生が多いです。本もたくさんあります。

陳さん　　：鈴木さん、あっちへ行くとスーパーがあります。行きましょうね。
鈴木さん　：はい。行ってみましょう。

（交流パーティーで）
鈴木さん　：盛大なパーティーを開いていただいて、大変感銘を受けました。中国の管理職の方たちは皆さんお若いので驚きましたよ。
李さん　　：そうですね、日本人と比べると中国人の偉い人のほうが若いですね。
陳さん　　：鈴木さん、料理が熱いときに食べてください。
鈴木さん　：はい、ありがとうございます。おいしそうですね、ではいただきます。
陳さん　　：日本人はどうして生のものが好きですか。体に悪いんじゃないか。
鈴木さん　：どうしてかというのはちょっと難しいですが…日本は海に囲まれていますから、昔から魚を食べています。生の刺身などはやはり新鮮でないと食べられませんから、寿司は新鮮な食べ物だという意識があるんですよ。中国では生のものはあまり食べないと聞きましたが…。
李さん　　：はい。一般的に中国人は生ものといえば果物とサラダくらいしか食べません。鈴木さん、この肉も食べましょう。どうぞ。（自分の箸で鈴木さんに料理を取ってあげる）
鈴木さん　：あ、すみません。取っていただいて。
陳さん　　：日本人はどうしてすぐすみませんといいますか。悪いことは何もないですね。
鈴木さん　：そうですね。面白い質問ですね。ところで、どうして中国では生ものを食べないんですか。
李さん　　：体に悪いですね。
陳さん　　：清潔じゃありませんから。それに温かいほうがおいしいです。

【常用表現】

1．こちらは60年ほど前に建てられた記念碑です。
2．今建設中ですが、2年後には完成予定だと聞いております。
3．この建物は、この地方独特の様式で建てられております。
4．あちらに見えるのが第5教学棟で、主に経営学部の事務所が入っています。
5．この広場を抜けて、右側に見える白い建物の最上階に院長室がございます。
6．ただいま準備しておりますので、申し訳ございませんが、もう少々お待ちいただけますか。
7．申し訳ございません。すぐお取替えさせていただきます。
8．パーティーは、図書館地下の大ホールで行われることになっております。
9．なにかございましたら、何なりとおっしゃってください。
10．私もちょうどそちらへ参りますので、ご一緒させてください。

【日本文化と知識】

接待のマナー

　誰かを自分の知っているところに案内する時には様々な注意が必要です。まず、その相手はどんな人で、案内する場面がいつどこであるかもよく考慮しなければなりません。ここでは人に接するとき必要となるマナーを考えてみましょう。
　＜名刺交換＞
　初めてお会いした方と挨拶を交わす時、ビジネスの場合だけでなくても名刺をいただくことがあります。急に相手から名刺を渡されることもあるかもしれないので、その時慌てないようにあらかじめ準備しておきましょう。
　① 名刺を片手で持ち、もう片方を添えながら、相手に正面を向けて差し出します。このとき社名（学校名）・部署名（学部名）・フルネームを名乗ります。「○△商事　第2営業部（○△大学　日本語学科）○○と申します」。この時、相手が差し出した名刺の高さよりも低い位置で差し出します。それは謙虚さを表すためです。
　② お互いに同時に名刺を差し出している場合は、お互い右手で差し出し、左手で受け取ります。受け取ったら、すぐに右手を添えるようにします。相手の名刺を受け取ったら、「頂戴いたします。よろしくお願いいたします」と答えます。

このときに、「珍しいお名前ですね。何とお読みすればよろしいでしょうか」、「素敵なお名前ですね」など一言添えると、雰囲気も和らぐでしょう。

③ 受け取った名刺は、すぐに名刺入れにしまわないようにしましょう。名刺入れの上に併せて持ち、テーブルがある応接室などの場合は、椅子に座った後にテーブルの上に名刺入れ、名刺の順に積み重ねておきます。

名刺をしまうタイミングは、その場の雰囲気によって判断します。大体の場合、テーブルに置いた名刺を名刺入れにしまう動作は、打ち合わせや商談がそろそろ終わるという時の合図になります。他にも数人一緒にいる場合は、名刺をしまうタイミングは周りの人に合わせておけば間違いないでしょう。

相手が何名かいて、すぐには全員の名前を覚えられないときは、机の上に、相手が座っている順番に並べると顔と名前が一致して、覚えやすくなります。

<席次>

席次を判断する要素はいくつかありますが、大原則として覚えておきたいのが、「入口から遠いほど上座」ということです。

和室の場合は、床の間を背にする位置が上座。床の間がない場合は、応接室と同じように、入口から遠い席が上座となります。

会議室では、議長席を中心に、議長に近いほど上席になります。

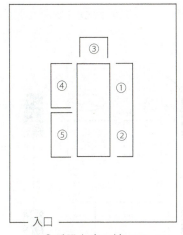

※①が最上席。続いて、②、③…と順に低くなる。

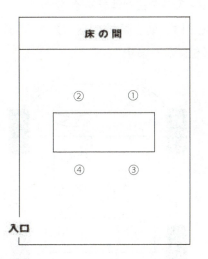

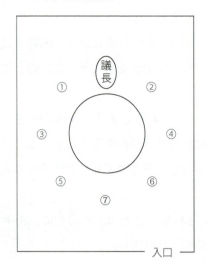
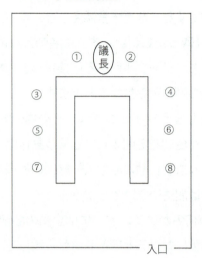

<乗り物の席順>

　クルマでは、誰が運転するかで席順が変わります。

☆タクシーや運転手付きのクルマの場合

　この場合は、運転席の後ろが最上席。続いて助手席の後ろ→後部座席の真ん中という順になり、助手席が下座となります。

　ただし、全員が同じ場所で降りるのではなく、途中で降りる人がいる場合はその順番を確認し、臨機応変に対応するといいでしょう。

☆クルマの持ち主が運転する場合

　この場合は、助手席が上座。続いて、運転席の後ろ→助手席の後ろ→後部座席の真ん中という順位になります。

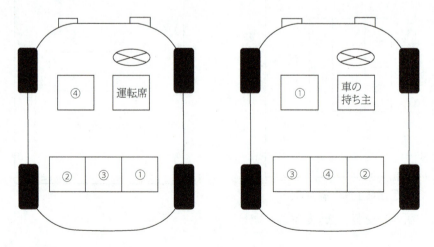

☆列車や飛行機

　乗り物では、進行方向の窓側が上座で、通路側が下座。席が3つ並んでいる場合は、真

ん中が下座になります。しかし、好みもあるので、この席順を踏まえて一言聞いてみてもいいでしょう。

【練習問題】

1. 日本人を案内したり、接待する時、簡単なことなのになかなかうまく言えないという表現はありませんか。以下にいくつか挙げますので、ペアになってどんな表現が一番的確か話し合ってみましょう。

①トイレに行きたいかどうか聞きたい時
＜はっきり言い過ぎる表現＞：「○○さん、トイレに行きますか。」
＜ポイント＞：人によっては、はっきりトイレに行きたいと言うのが恥ずかしいと感じるかもしれないので、もうすこしやわらかく表現する場合はどうすればいいでしょうか。接待する相手が異性の場合、一緒にトイレへ行くことができません。そんな場合も考えてみましょう。

②何か困っていることがあるかどうか聞きたい時
＜はっきり言い過ぎる表現＞：「何か困っていますか。」
＜ポイント＞：何か忘れ物をした、あるいは何か失くしてしまったような時には、おそらくその人の表情や行動に現れる場合が多いでしょう。相手が慌てていたり、落ち着かないような時にどんな言葉をかけたらいいでしょうか。

③クーラーをつけたほうがいいかどうか聞きたい時
＜はっきり言い過ぎる表現＞：「クーラーをつけますか。」
＜ポイント＞：暑い、寒いなどはみんなが同じように感じる場合もありますが、個人差もあるでしょう。何度も汗を拭いている人と一緒にいるのに、「暑いですね、扇風機をつけたほうがいいですか」とわざわざ聞くと、遠慮して「いいえ、だいじょうぶです」と答える人も多いです。コミュニケーションとは必ず口に出して話すことのみをいうのではないでしょう。

④使い方がわかるかどうか聞きたい時
＜はっきり言い過ぎる表現＞：「あなたはできますか」
＜ポイント＞：初めて目にした物の使い方がわからなかったり、困っているとき、どんなふうに聞けばいいでしょうか。「できますか」と聞くのは「自分はわかるけれど、あなたはわからないでしょう」という感じにも受け取られる恐れもあるので、注意しましょう。

⑤料理の味、その場所などをどう思うか聞きたい時
＜はっきり言い過ぎる表現＞：「この料理はおいしいですか」
＜ポイント＞：「おいしいですか」と聞かれて「まずいです」と答える人はいないでしょう。逆にこう聞かれると答えは「おいしいです」というほかありません。もう少し違う表

現はないでしょうか。
　２．学校案内をしてみよう
　　自分の学校の特色や施設などを紹介しながら、３分間くらいの学校案内を作ってみましょう。案内の中で紹介することにはどんなものがあるでしょうか。以下に挙げてみますので、参考にしてください。
　　<学校創立時について>創立のきっかけ、創立年、創立者、創立の理念など
　　<学校の所在地>省、市、区、鎮など、学校がある場所の正確な地名、また○○の北、○○から何キロ南など近隣の都市を使うのもよい。
　　<学校についてのデータ>学生数、教員数、クラス数、施設の数など、わかりやすく数字で表現することもできる。
　　<学校の特色を出す>自分の学校で行われる特別なイベントや伝統的な行事、地方の特色を生かしたこと、姉妹校、付属校、これまでの受賞歴など、誇れるものや自慢できることも紹介できる。
　３．キャンパス内のガイドをしてみよう
　　教室を出て、実際にキャンパスの中を歩きながら学校を案内してみましょう。学校の中にはさまざまな施設があります。下記の単語も参考にしてください。
　　《施設の名称》：
　　体育館
　　グランド、グラウンド
　　校庭
　　ホール
　　学食
　　カフェテリア
　　売店
　　食券売り場
　　部室
　　ジム
　　トレーニング室
　　視聴覚室
　　マルチメディア教室
　　講堂
　４．日本人留学生の留学生活をサポートしよう
　　日本から中国に勉強に来ている学生たちは、キャンパスの中のさまざまな場面で困っていることがあると思います。場面を設定しますから、そこで考えられる問題点や疑問などを

留学生の立場に立って考えてみましょう。

A：あなたは日本の大学から中国の南北大学に留学している日本人留学生の近藤です。南北大学に来てからまだ一週間しか経っていないので、学校の施設についてまったくわかりません。中国語の授業で先生から図書館で授業に必要な参考図書を借りてくるようにいわれましたが、本をどうやって借りればいいのか、日本語学部の宋さんに電話で聞いてみようと思います。もしできれば宋さんにいっしょに図書館に行ってほしいと思っています。

B：あなたは南北大学の日本語学部の学生で、宋といいます。先日日本からこの大学に留学に来たばかりの近藤さんと交流パーティーで知り合いになりました。昼休みに近藤さんから電話をもらい、図書館で本を借りたいけれど、どうすればいいかと聞かれました。図書館のカードもないということと、まだ近藤さんは中国語に自信がないだろうと思うので、午後からいっしょに図書館へ付き合うことにしました。

【発　　表】

日本の大学（ランキング、有名な学科、就職）について発表してください。

【関連語彙】

メインストリート ⑥	主干道
街路樹（がいろじゅ）③	街道树，林荫树
街灯（がいとう）⓪	街灯
芝生（しばふ）⓪	草坪
花壇（かだん）①	花坛
彫像（ちょうぞう）⓪	雕像
警備室（けいびしつ）③	警卫室
ガードマン ①	保安
用務員（ようむいん）③	勤务员，勤杂工
フェンス ①	垣墙，篱笆
門限（もんげん）③	关门时间
休憩室（きゅうけいしつ）④	休息室
控え室（ひかえしつ）③	等候室
視聴覚室（しちょうかくしつ）⑤	视听教室

機材（きざい）①	机器和材料
器材（きざい）①	器材
スピーカー②	音箱
グラウンド⓪	操场
観客席（かんきゃくせき）④	观众席
教員住宅（きょういんじゅうたく）⓪	教师住宅
外国人教師専用寮（がいこくじんきょうしせんようりょう）⓪	外国人教师专用宿舍
坂道（さかみち）②	坡道，斜坡
歩道（ほどう）⓪	人行道
舗道（ほどう）⓪	铺过的道路
砂利道（じゃりみち）⓪	沙石路
地下道（ちかどう）②	地下道
向かい側（むかいがわ）⓪	对面
反対側（はんたいがわ）⓪	反面
正面（しょうめん）③	正面
向き合って（むきあって）③	相向，面对面
設計（せっけい）⓪	设计
設計士（せっけいし）③	设计师
建築家（けんちくか）⓪	建筑师
デザイン②	设计
建立（けんりつ）⓪	建立
記念碑（きねんひ）②	纪念碑
記念樹（きねんじゅ）②	纪念树
専用車（せんようしゃ）③	专车
教員送迎（きょういんそうげい）バス⑨	接送教师大巴

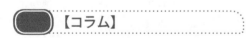

【コラム】

厳しさは、実はありがたい

今中国の若者に「日本」と聞いて思い出すものは何かと問えば、おそらく「マンガ」「アニメ」などの答えが返ってくるでしょう。日本のマンガは面白く、また内容によっては

人生の教訓を学ぶ人もいるし、またアニメは世代を超えて楽しめるものです。だから「暴力的だ」という保護者がたまにはいても、おおよそ素晴らしいものだといえます。

　しかし、日本語学習者がアニメやマンガから日本語を学ぶとき、注意しなければならないことがあります。それは、アニメ、マンガ、ドラマの中の日本語をそのまま実生活で使ってしまうことです。日本語を母語とする日本人には、「こんな時にこんな言い方をしてはいけない」というのが自然に身についています。いくら最近の日本人は敬語を使えないと批判されても、友達と話す時と上司と話す時には言葉使いを変えることは、誰にでも身についているものです。

　教室に入ると「先生、おはよう。」と学生から言われます。「○○さん、おはようございます。」と教師のほうが丁寧に話す場面も少なくありません。日本人だったら先生には必ず「おはようございます。」と挨拶します。でもマンガやドラマの中には確かに「先生、おはよ〜今日もかわいいね〜。」と言う表現があります。実際にこういう言い方をする日本人もいるかもしれません。しかし、美しい日本語を話せるようになりたいと思うなら、つまり、一人のための日本語ではなく、誰とでもコミュニケーションがうまくいくような日本語を身に付けたいなら、できるだけ丁寧に話をしましょう。

　ある女子学生がアルバイトをしているる会社の東京本社から、社長が来た時のことです。社長の荷物が多いので、女子学生が優しい気持ちを十分に込めて言いました。

　「荷物がたくさんあるようですから、受付に預けたほうがいいんじゃないか。」

　教科書の中の山田君と田中君の会話のなかから学んだ「〜したほうがいいんじゃないか。」を社長に向かって使いました。こう言われた社長はその女子学生に「あんたは3年間いったいどんな日本語を勉強してきたんだ。または"？"」といって叱ったそうです。女子学生は人前でそんなに叱って自分をばかにする社長を恨んだが、その後ハッと気づきました。こんなことを言ってくれる人は今までいなかった、と。その後一つ一つ自分が使う言葉に注意した。これで正しいかどうか、相手に対して失礼ではないかと一度考えてから話すようになりました。すると自分の日本語が前よりずっとやわらかくなったと感じました。これは本当に素晴らしい話です。

　もし、まわりに「そんな言い方合ってないよ。」、「そんな言い方古すぎるよ。」といってくれる「うるさい」日本人がいたら、ありがたく思ってもっと直してもらいましょう。

第十三課　友人紹介

【場面設定】

　　李さんのアパートで、洋子さんとの中国語レッスンが終わろうとしているところに、生け花の先生である渡辺さんが中国語を学びにやってきました。李さんは、日本人の二人に対してそれぞれ紹介します。共通の話題を見つけて、その場の話を盛り上げます。

【登場人物】

李さん、洋子さん、生け花の先生渡辺さん

【場　　所】

李さんのアパート

【学習項目】

1．尊敬語と謙譲語の正しい使い分け
2．立場に見合った丁寧語を上手に使いこなす

（李さんが中国語を教えている）

洋子さん：今日はちょっと難しいね。もうそろそろ時間ね。

李さん　：そうですね。今日勉強したところで、何か分からない所がありますか。

洋子さん：ええと…。

（ピンポーン）

李さん　：ああ、そうだ。今日は中国語を勉強したいという人が来ることになってたんです。ちょっと約束の時間より早く来たんですね。

洋子さん：どうぞどうぞ、私はかまいませんよ。

李さん　：じゃ、ちょっと失礼。

（ドアを開ける）

渡辺さん：こんにちは。予定より早く着いてしまって申し訳ありません。おじゃまします。

李さん　：渡辺さん、こんにちは。遠慮しないで入ってください。
　　　　　この人は田中洋子さんです。
　　　　　ご主人は日本の貿易会社の広州支社で働いています。

洋子さん：はじめまして。田中と申します。李さんに一年前から中国語を教わっています。
　　　　　どうぞよろしくお願いします。

李さん　：洋子さん、こちらは渡辺さんと言います。渡辺さんは華道の先生で、生け花を教えています。

渡辺さん：渡辺です。よろしくお願いいたします。

洋子さん：私は華道のことはあまりよく知らないんです。

渡辺さん：いえいえ、かまいませんよ。華道よりも生け花の方が簡単です。

李さん　　：でも面白いです。ぜひ、洋子さんも勉強したらどうですか。
洋子さん　：ええ。チャンスがあれば、ぜひやってみたいです。
李さん　　：私もやりたいです。
渡辺さん　：よかったら、生け花の展示会をやるので、ぜひいらっしゃってください。
洋子さん　：まあ、そうなんですか。ぜひ見させていただきたいです。
李さん　　：渡辺さんは、中国の人たちに日本文化を伝えたいと考えて、生け花を教えているんですよ。
洋子さん　：それは素晴らしいですね。私も中国と日本の文化交流に関係したイベントや習い事には、大変興味を持っています。
李さん　　：私も以前日本語を勉強していた時に、日本文化をいろいろ教えてくれた忘れられない先生がいました。
　　　　　　その先生は、非常に中国の文化が好きでした。
　　　　　　日本文化と中国文化の関係について話してくれたり、私によく日本料理を作ってくれたり、私が中国の料理を作って、先生が私の料理を食べることもよくありました。

渡辺さん　：お二人とも文化交流には興味がおありのようですね。華道について少し説明をさせて頂きますと、生け花の方は易しいのですが、正式な華道となると、いろいろな流派があって、ちょっと分かりづらいですよね。池坊（いけのぼう）、草月（そうげつ）、小原（おはら）、龍生（りゅうせい）、華道遠州（かどうえんしゅう）とか、今では392派もあるそうですよ。
洋子さん　：たくさんあるんですね。そう言えば、私は以前日本で華道家の假屋崎省吾（かやざき：姓、しょうご：名）さんという方のお名前を伺ったことがございます。
渡辺さん　：ええ、そのせいか最近若い方で生け花を習いたいという方が多いんですよ。
洋子さん　：私もぜひ渡辺先生のお教室に伺いたいです。
李さん　　：実は今度の日本領事館が主催する日本文化交流会で、渡辺さんが華道の紹介をするそうです。

渡辺さん：ええ、そうなんです。もしご都合がよろしければ、ぜひ見にいらしてください。
洋子さん：はい。ぜひ伺って拝見したいと思います。あ、もうこんな時間。では、私はそろそろお先に失礼いたします。
渡辺さん：また、近いうちにお会いしましょう。
洋子さん：ええ、そうですね、ぜひ。それでは、失礼いたします。
李さん　：じゃ、洋子さん、またお電話します。お気をつけて。
洋子さん：ええ、さようなら。

【常用表現】

1. ぜひ一度お会いしたいと思っていました。
2. かねてからお名前は伺っていました。
3. 機会があったら、ご紹介していただけませんか。
4. 一年前から中国語を教わっています。
5. もしご都合がよろしかったらおいでください。
6. どうぞご遠慮なさらずにお上がりください。
7. お二人とも、文化交流にはご興味がおありのようですね。
8. また、近いうちにお会いしましょう。
9. ご主人は中国の大学で日本語を教えていらっしゃいます。
10. お目にかかれて光栄です。

【日本文化と知識】

敬語の使い方マナー

　多くの日本語学習者にとって、最も頭痛の種となっているのは敬語表現だと言えるでしょう。最近は日本人の間でも、完璧に使いこなせる人は少なくなっています。

　日本語の中の敬語は、大きく「尊敬語」、「謙譲語」、「丁寧語」に分かれており、それぞれ用途が異なる上、敬語を使いこなす上で、まずは話し相手、又は話題の人物と自分自身との位置づけがキーポイントとなります。相手との関係がどうであれ、常識的に初対面の時には尊敬語を使います。更に話し相手が、自分の身内かどうかで、言葉遣いが全く異なってきます。状況によって変わりますが、家族・親戚や同じ会社で働く者が一般的に身内になります。例えば、取引先からの電話に対して上司が不在と伝える時、「〇〇（上司の姓）は、ただいま席を外しております。」と上司の不在を謙譲語を使って表します。身内に対し

ては、「ただいま席を外していらっしゃいます。」というような尊敬語を使って表すことはありません。

　また、同じ状況でも、話している場所が公の場なのか、それともプライベートな場所か、ということでまた違ってきたり、話し言葉と書き言葉では、更に使用方法が異なってきたりするので大変面倒です。

　カジュアルの場でむやみに敬語ばかり使ってしまうと、言葉が堅苦しくなり、重苦しい雰囲気になってしまい、打ち解けた関係に進展しづらいので、適度な使用が好ましいでしょう。本来、敬語というのは、相手への尊重、思いやりや気配りから生まれた表現なので、敬意を示していることが伝われば良いのです。しかし、公の場やビジネスの場では必須ですので、まずは下記の表現解説を参考に使いこなせるようにしましょう。

　<表現解説>
　敬語は「尊敬語」、「謙譲語」、「丁寧語」に分かれており、それぞれ用途が異なります。
　「尊敬語」…相手を敬う言葉。
　「謙譲語」…自分に関してへりくだって表現する言葉
　「丁寧語」…言葉自体を丁寧に表現する。漢語や和語に「お」や「ご」をつけるなど。

●言葉	●尊敬語	●謙譲語
行きます	いらっしゃいます	まいります・うかがいます
言います	おっしゃいます	申します
知っています	ご存知です	存じております
会います	お会いになります	お目にかかります
聞きます	お聞きになります	うかがいます
します	なさいます	いたします
食べます	召し上がります	いただきます

●丁寧語
お入りください。おかけください。お座りください。

●指示代名詞などの丁寧な形（参考）

こっち	こちら
そっち	そちら
あっち	あちら
どっち	どちら
だれ	どなた
どこ	どちら
どう	いかが
いくら	いかほど

ちょっと	少々［しょうしょう］
ほんとうに	誠［まこと］に
すぐ	早急［さっきゅう］に
いい	よろしい／けっこうだ
わたし	わたくし
あなた	あなたさま／おたく
みんな	みなさま
奥［おく］さん	奥［おく］さま
手紙［てがみ］	お手紙［てがみ］
便［たよ］り	お便［たよ］り

● お客との応対マニュアル

店員のお客との応答は絶対敬語の世界と言っていいでしょう。ビジネスでよく使われる丁寧な表現を取り上げます。

- さようなら　→失礼［しつれい］します
- すみません　→申［もう］しわけありません
- すみませんが→恐れ入りますが
- そうです　　→さようでございます
- いいです　　→けっこうです
- あります　　→ございます
- です　　　　→でございます
- いいですか　→よろしいでしょうか
- どうですか　→いかがでございましょうか
- できません　→いたしかねます
- わかりました→かしこまりました

【練習問題】

1. 客の注文を取る

   店員：いらっしゃいませ。（①）注文は何に（A）か。

   李　：メニューを見せてください。

   店員：はい、こちらに（B）。（②）決まり（C）、（③）呼びください。

   李　：あのう、水をお願いします。

   店員：（D）。はい、ただ今（④）持ち（E）。

問1　①～④に（お／ご／×）から選んで入れてください。

①　　　　②　　　　③　　　　④

問2　A～Eに1～4から適当なものを選んでいれてください。
　A）1　します　　　2　いたします　　3　なさいます　　4　まいります
　B）1　います　　　2　あります　　　3　ございます　　4　でございます
　C）1　しましたら　　　2　になりましたら　　3　いたしましたら
　　　4　ございましたら
　D）1　うかがいました　　2　存じ上げました　　3　かしこまりました
　　　4　申し上げました
　E）1　になります　　　2　差し上げます　　3　させていただきます
　　　4　いたします

2．初対面の挨拶と名刺交換

　李　：はじめまして。私、○○社営業一課の李と申します。
　（李から取引先の人に名刺を渡す）
　取引先：（A）。私、A社○○部の佐藤と申します。
　（名刺を渡す）
　李　：失礼ですが、（①）名前は何と（②）（B）よろしいのでしょうか。
　取引先：「ただお」と（③）読みます。
　李　：「さとうただお」（C）ですね。いろいろ行き届かない点もあるかとは（D）が、どうぞよろしくお願いいたします。
　取引先：いいえ、こちらこそ、よろしく（④）つきあい（E）。

問1　①～④に（お／ご／×）から選んで入れてください。
①　　　　②　　　　③　　　　④

問2　A）～E）に1～4から適当なものを選んでいれてください。
　A）1　さしあげます　　　　　　2　頂戴いたします
　　　3　ごらんになります　　　　4　いただきます
　B）1　読めば　　　　　　　　　2　読みすれば
　　　3　読みなされば　　　　　　4　読みいただけば
　C）1　さん　　　　　　　　　　2　氏
　　　3　さま　　　　　　　　　　4　×
　D）1　承知します　　　　　　　2　存じます
　　　3　ご存知です　　　　　　　4　存じ上げます
　E）1　になります　　　　　　　2　願います
　　　3　していただきます　　　　4　いただけます

第十三課　友人紹介

3. 面会を申し込む

李　　：（①）忙しいところを（A）。（B）、○○社の李と申します。（②）約束はないのですが、営業の佐藤部長が（C）、（D）たいのですが。

受付　：どのような（③）用件でしょうか。

李　　：あのう、先日（④）相談した件で、至急ご連絡したいことがございまして。

受付　：かしこまりました。（⑤）取り次ぎ（E）ので、少々お待ち（F）か。

李　　：はい、よろしくお願いいたします。

問1　①～⑤に（お／ご／×）から選んで入れてください。
　　　　①　　　②　　　③　　　④　　　⑤

問2　A)～F)に1～4から適当なものを選んでいれてください。

A) 1　ありがとうございます　　2　おそれいります　　3　おうかがいいたします
　　4　申し上げます

B) 1　おれ　　　　　　　　　　2　ぼく　　　　　　　3　わたし
　　4　わたくし

C) 1　お呼びでしたら　　　　　2　おいでくだされば　3　おいででしたら
　　4　おこしでしたら

D) 1　お目にかかり　　　　　　2　お目にかけ　　　　3　拝見し
　　4　ご覧にいれ

E) 1　になります　　　　　　　2　差し上げます　　　3　させていただきます
　　4　いたします

F) 1　になります　　　　　　　2　差し上げます　　　3　いただきます
　　4　いただけます

4. 面会したい相手がいないとき

受付　：ただ今（①）連絡を取りましたが、あいにく佐藤（A）は外出して（B）。いかがいたしましょうか。

李　　：そうですか。あのう、佐藤部長は何時ごろ（②）戻り（C）でしょうか。

受付　：昼過ぎには戻ってくるとのことでしたが、はっきりしたことは（D）。もし、（③）伝言でよろしければ、（④）（E）いたしておきますが。

李　　：では、○○社の李が来たと（⑤）伝え（F）でしょうか。

問1　①～⑤に（お／ご／×）から選んで入れてください。
　　　　①　　　②　　　③　　　④　　　⑤

問2　A)～F)に1～4から適当なものを選んでいれてください。

A) 1　さん　　　　　2　部長　　　　3　さま　　　　　4　×
B) 1　おられます　　2　おります　　3　いらっしゃいます　4　おいでです

C) 1　くださる　　2　いたす　　3　になる　　4　でいらっしゃる
D) 1　もうしません　2　もうせません　3　うかがいません　4　おっしゃいません
E) 1　うかがい　　2　拝見　　3　存じ上げ　　4　はいちょう
F) 1　にならない　2　いただかない　3　させていただけ　4　いただけない

5．空欄にあてはまる言葉を選んでください。

問1　A：ただ　今、この度　栄誉賞を　受賞なされました〇〇教授が　式典会場に
　　　　　（A）。みなさん、拍手で　（B）。
先生：(C)、どうも　すみません。

1．(A) の中に入る適当なものはどれですか。
　　①来ました　　②まいりました　　③来られました　　④お見えになりました
2．(B) の中に入る適当なものはどれですか。
　　①迎えよう　　②迎えましょう　　③お迎えしましょう　　④お迎えになりましょう
3．(C) の中に入る適当なものはどれですか。
　　①遅れて　　②遅れまして　　③お遅れして　　④お遅れになって

問2
1．先生、今日は車で来ていますので、駅まで（　　）
　　①お送りになります　②送りいただきます　③お送りします　④送って差し上げます
2．失礼ですが、田中さんの奥さんで（　　）か。
　　①いらっしゃいます　②ございます　　③おいでになります　④おっしゃいます
3．先生は最近どんなことについて、ご研究（　　）いらっしゃるんですか。
　　①にして　　②なさいまして　　③いたして　　④なさって
4．田中さん、このレポート、もう（　　）か。
　　①読まれました　　　　　　　　②お読まれになりました
　　③お読まれです　　　　　　　　④お読まれいたしました
5．お客様、申し訳ありませんが、機内持ち込みのお荷物はご自分でお持ち（　　）ください。
　　①になって　　②して　　③なさって　　④いただいて
6．あのう、すみませんが、この本、お（　　）か。
　　①貸しいただきます　　　　　　②貸しいただけます
　　③貸していただきます　　　　　④貸していただけます
7．田中さんは去年私が（　　）時よりも、ずっとお元気そうだった。
　　①ご覧になった　②ご覧くださった　③お目にかけた　④お目にかかる
8．風邪を（　　）よう、お体には十分お気をつけてください。
　　①召し上がらぬ　②召されぬ　　③いただけぬ　　④頂戴せぬ

9. お客様にご案内（　　　）。
　　① 申し上げます　　② 申します　　　　　　③ なさいます　　　④ 差し上げます
10. やむをえない事情で、会社を（　　　）。
　　① 辞めるべきだ　　② 辞めざるをえない　　③ 辞めるはずだ　　④ 辞めるものだ

【発表】

日本語の敬語（尊敬語、謙譲語、丁寧語）について発表してください。

【関連語彙】

華道（かどう）①	花道
茶道（さどう）①	茶道
師匠（ししょう）①	师傅
習い事（ならいごと）⓪	文体活动
レッスン①	课程
月謝（げっしゃ）⓪	学费
恐縮（きょうしゅく）⓪	不好意思
展覧会（てんらんかい）③	展览会
発表会（はっぴょうかい）③	发表会
舞台（ぶたい）①	舞台
式典（しきてん）⓪	典礼
ウメ⓪	梅花
ラン①	兰花
キク⓪	菊花
ツツジ⓪	杜鹃花
バラ⓪	玫瑰
ハス⓪	荷花
サクラ⓪	樱花
モモの花（はな）⑤	桃花
スイセン⓪	水仙
チューリップ①	郁金香
ヒマワリ②	向日葵

アサガオ ②	牽牛花
ユリ ⓪	百合花

【コラム】

【以心伝心】「目は口ほどにものを言う」

　読んで字のごとく、心をもって心を伝えること。言葉で言わなくても、自然とお互いの気持ちが通じ合うことです。
　もとは仏教用語で禅宗において、言葉では表せない心理、微妙なことを心から心へ伝える意の「心を以って心に伝う」からきたもの「伝灯録」より。
　「以心伝心」は日本人のコミュニケーションの大きな要素とも言えます。そこから相手の状況や心情を汲み取って気遣う表現形式が生まれてきます。「配慮表現」、「前置き表現、間接表現を使った談話」といったコミュニケーションがよく使われるのはこのような考え方が背景にあるのでしょう。
　反対にビジネス社会では、自己責任や説明責任、はっきり意見を言って表現できることが求められてきているようです。

　<例文> 彼とはもう１０年以上のつきあいだから、だいたいのことは以心伝心で分かる。
　　　　父「おい、ちょっと、あれ。」
　　　　母「あれね。はい、どうぞ。」
　　　　子「よく"あれ"でわかるね。」
　　　　母「そりゃ、もう20年も一緒にいるんだもの。以心伝心、っていうものよ。」

第十四課　送別

【場面設定】

田中さんは中国赴任期間を終え、洋子さんと帰国することになりました。李さんや渡辺さんなど身近な人たちで、田中さん夫妻の送別会を開くことにしました。送別会場のレストランで李さんと洋子さんは、それぞれお別れの挨拶をしました。翌日、李さんは空港まで田中夫妻をお見送りしました。

【登場人物】

李さん、渡辺さん、田中さん、洋子さん

【場　所】

送別会場のレストラン、空港

【学習項目】

1．別れの挨拶
2．司会の言葉
3．感謝の意の表し方

【間違い探し】

（送別会場のレストラン）

渡辺さん：お待たせいたしました。皆さんご用意できましたか。それでは、田中夫妻の日本でのさらなるご活躍とご健康を願って乾杯をしたいと思います。

李さん　：乾杯。

渡辺さん：李さん、ぜひ一言ご挨拶をお願いします。

李さん　：（驚いて）えー、私は日本語がまだ下手ですから、難しいですよ。

洋子さん：頑張って、李さんの日本語は十分お上手ですよ。

李さん　：はい、それでは、私は挨拶をします。田中さん、洋子さん、この一年間、本当にお世話になりました。私は洋子さんの中国語の先生をしてあげましたが、先生と学生というよりも、人生の先輩として田中ご夫妻からいろいろもらいまし

タンタンタン　タンタンタン　タンタンタン　タン

た。また、いろいろなところへ遊びにつれて行ったり、食事をおごってくれたことは本当に楽しい思い出です。有難うございました。日本での新しい生活がうまくできますように心よりお祈り申し上げます。また、中国で、あるいは日本で再会できることを心からお願いします。どうぞ、ずっと体に気をつけて、益々のご活躍を祈りして、ご挨拶と代えさせて頂きます。有難うございました。

洋子さん：今日は私たちのためにこんな素晴らしい送別の会を開いて頂きまして、真にありがとうございます。短い間でしたが、皆さんと一緒に過ごせて、とても楽しかったです。李さんのおかげで中国が少し話せるようになりました。中国のことも大好きになりました。本当にありがとうございました。

李さん：いいえ、とんでもありません。洋子さんは飲みこみが早いですし、大変努力した結果ですよ。

渡辺さん：そうですね、私も洋子さん程中国語を話せばいいなぁ。

李さん：渡辺先生ならきっとおできになると思いますよ。

（空港で）

洋子さん：李さん、昨夜はいろいろと有難う。今日もわざわざ来てくださって…。

李さん：いいえ、友達だから。

田中さん：もうそろそろ搭乗手続きの時間じゃない。

洋子さん：あ、そうね。

李さん：あー、まだ話したいのに。洋子さんがいなくなっちゃうと、さびしくなるなぁ…。

洋子さん：私も李さんと別れるのは辛いですよ。

田中さん：でも、これで最後というわけではありませんから。

洋子さん：そうですね。また会えますよね。

李さん　　：ええ、きっと。
洋子さん：夏休みに絶対日本に遊びに来てくださいね。
李さん　　：はい、日本で再会できるのを楽しみにしています。田中さんたちも、チャンスがあったら中国に遊びにいらっしゃってください。いつでも大歓迎しますよ。
洋子さん：日本に着いたらメールしますから、李さんも時間があったらお返事くださいね。
李さん　　：はい、たぶんだいじょうぶ。
田中さん：李さん、今日見送りに来てくれて有難うございました。渡辺先生にもよろしくお伝えくださいね。
李さん　　：はい、じゃまたね。
洋子さん：李さんもお元気でね。
李さん　　：さようなら。
田中夫妻：さようなら。

【常用表現】

1. 長い間、どうも有難うございました。
2. みなさん、どうもいろいろお世話になりました。
3. ほんとうに名残惜しいですね。
4. それではこれより、○○さんの送別会をはじめます。
5. それでは○○さんご一家の無事と健康を祈って、乾杯しましょう。
6. また会える日を楽しみにしています。
7. まず、はじめに、○○部の○○部長より、ひとことご挨拶をいただきます。
8. 宴会は9時半をもちまして、終了させていただきます。
9. ご活躍をお祈りしています。
10. また中国に来ることがあったら連絡してください。

【日本文化と知識】

送別のマナー

　＜餞別とは＞餞別は引越しや転校、転勤、長期旅行などの際に、「新しい環境になっても今まで通りお元気で」、「これからもよろしく」などの意味を込めて、転居先で役立つような物品や金銭を贈ります。欧米では餞別という習慣はあっても、餞別に金銭を贈ることはないようです。

<餞別は実用品>友人やお世話になっていた人が引越しをする場合、今までの感謝の意をこめて現金や物品の餞別をすると喜ばれるものです。品物の場合、スリッパやテーブルクロス、エプロンなど。の実用品が選ばれるようです。引越しの際に邪魔にならないよう、あまり場所を取らないものが好まれるようです。きちんと包む際は、紅白の結び切りの水引のついた熨斗紙に「餞別」、「はなむけ」など。と表書きします。目上の人には「餞別」と書くと失礼にあたるので、その場合は「御礼」と書きます。餞別をもらったら、新しい土地や職場に無事移ったという報告を添えて礼状を出します。基本的に餞別のお返しは必要ありません。

日本人が国内で買う土産は、20年前では陶器・人形など。が人気があったようですが、今では安く、軽くてかさばらないものが好まれているようです。一方で、日本に来た外国人が故郷の人々に買っていく土産は、陶器・人形などが多いようです。日本的なイメージにぴったりだからでしょう。

「送別」とひと口に言っても、さまざまな場合があります。転勤、退職、卒業、そして帰国などさまざまです。ここで取り上げているのは、中国に駐在している日本人が日本へ帰るという帰国の送別ですから、これからはなかなか会えなくなることを前提にしたちょっとさみしい送別会です。ですから普段の楽しい食事会とは違うことをまず頭に入れましょう。とにかく主役は今までお世話になった方なので、派手な言動は慎むべきです。また送別会はその方の親しい方々が出席されているわけですから、当然あなた自身が知っている人ばかりではありません。そんなことも踏まえて、慎みのある行動を心がけましょう。主役はあくまでも帰国される方です。どんな話題もその方を中心に考えましょう。

<送別会の流れ>
1. 開会宣言　司会者：「それではこれより、○○部長の送別会をとり行ないます。」
「それではこれより、○○さんの送別会をはじめます。」など。
2. 挨拶　司会者：「まずはじめに、△△部の○○部長より、ひとことご挨拶をいただきます。」
3. 乾杯　司会者：「それでは、これより乾杯の音頭を○○部長にお願いしたいと思います。お手元のビールのご用意をお願いいたします。」など。
4. 食事
5. 送り手の「送別の言葉」
6. 記念品授と花束贈呈　手渡す人は渡しながら声をかけます。
「お疲れさまでした。」
「お世話になりました。」
「ありがとうございました。」
「お元気で。」

「ご活躍をお祈りしています。」など。
7. 送られる人のスピーチ
8. 万歳三唱　送り手代表：「○○さんのご健勝と益々のご発展を祈念いたしまして、万歳！万歳！万歳！」など。
9. 閉会宣言　司会者：「まことに名残りはつきませんが、時間になりましたのでこのへんでお開きとさせて頂きたいと存じます。皆様もう一度、○○さんに激励の拍手をお願い致します。」

＜送別会の締め＞

　手締めの基本は何と言っても、三本締めですからその三本締めをしましょう。贈る方の門出を祝して三本締めの調子の3、3、7拍子が華やかです。日本古来よりの3、3、7拍子は華やかな伝統文化ですから、華やかなかぎりです。

1. 送別会の縁起

送別会では栄転なさる方の今後を祝して、一本の手締めか三本締めをするのが普通です。

2. 挨拶

○○さんの今後を祝して三本締めを致します。

よ～お、ぱぱぱん、ぱぱぱん、ぱぱぱぱぱぱん。あと、2回繰り返します。

3. お礼

有難う御座いました。

【練習問題】

1. 日本人教師の三井先生が二年間の中国での教員生活を終え、一度日本に帰国後、タイに赴任されることになりました。送別会で先生にお別れの挨拶をしてください。
2. アルバイトでお世話になった小村さんが、5年間の駐在期間を終え、日本へ帰国することになったと聞きました。夏休みなので残念ながらお会いして話せないので、電話でお別れの挨拶をします。次の空欄に適当な表現を入れてみましょう。

陳さん　　：もしもし、小村さんでいらっしゃいますか。
小村さん：はい。あ、陳さん。お久しぶりです。
陳さん　　：こちらこそご無沙汰いたしております。
　　　　　　「　　　　　　　　　　　　」
小村さん：ええ、そうなんです。8月末に帰国することになりました。5年間といっても今思えば早いものです。
陳さん　　：「　　　　　　　　　　　　」
小村さん：こちらこそあの時は翻訳の仕事を手伝ってもらって助かりました。陳さん

　　　　　　の訳した部分は間違いが少なくてさすがだと思いましたよ。
陳さん　：「　　　　　　　　　　　　」
小村さん：陳さんは卒業したらどんな道に進むか考えていますか。
陳さん　：「　　　　　　　　　　　　」
小村さん：そうですか、それは素晴らしいですね。目標に向かってがんばってください。
陳さん　：「　　　　　　　　　　　　」
小村さん：それから、日本に来る機会があったら、ぜひ連絡してください。お待ちしています。おいしいものご馳走しますよ。
陳さん　：「　　　　　　　　　　　　」
小村さん：今日はわざわざお電話いただいてありがとうございました。陳さん、体にはくれぐれも気をつけてこれからも日本語の勉強がんばってください。
陳さん　：「　　　　　　　　　　　　」
小村さん：はい。ぜひ。それでは、また。
陳さん　：「　　　　　　　　　　　　」

3．あなたは来月にスピーチコンテストの司会をすることになりました。司会原稿を書いてクラスで話してください。
4．卒業パーティーで日本人先生といろいろと話しましょう。
　　クラス全員が一人ずつまず先生にお礼の挨拶を述べて、今まで勉強してきた日本文化や異文化コミュニケーションについての感想を話してください。

【発　表】

日本と中国で送別マナーの違いを紹介してください。

【関連語彙】

搭乗（とうじょう）⓪	搭乗
餞別（せんべつ）⓪	临别赠与物
転校（てんこう）⓪	转校
転勤（てんきん）⓪	调动工作
転居（てんきょ）⓪	搬家
餞（はなむけ）⓪	饯别，饯行
縁起（えんぎ）⓪	兆头
栄転（えいてん）⓪	荣迁

健勝（けんしょう）⓪	健康
歓談（かんだん）⓪	畅谈
応援（おうえん）⓪	支持
異動（いどう）⓪	调动
名残惜い（なごりおしい）⑤	依依不舍
感激（かんげき）⓪	感激
赴任（ふにん）⓪	赴任
退職（たいしょく）⓪	离职
退官（たいかん）⓪	退休
新任地（しんにんち）③	新上任地
門出（かどで）⓪	出门，出发
祈念（きねん）⓪	祝福
起業（きぎょう）⓪	创业
音頭（おんど）①	发起，带头

【コラム】

「似たりよったり」「どんぐりの背競べ」

中国語では「半斤八両」という言葉があります。比較してもどれもみな平凡で、すぐれたものがないことを指します。しかし、実力が接近しているという意味より、「たいした違いがない」、「大同小異」という意味で使われることが多いようです。語源は「似たりたる者が寄たり」という言い方だとされています。

例文：
A子：ねえ、昨日の合コンどうだった？
B子：うーん、5人来ていたけど、どれも似たり寄ったりだったなあ。
A　：昨日の野球、観た？
B　：うん、昨日はジャイアンツが勝ったけど、どんぐりの背競べでどこが優勝するか予想がつかないなー。

類似表現：五十歩百歩/大同小異

附录一　常用表达

第一课　访问日本人家庭

1. 不知道是不是合您的口味，请您慢用。
2. 请进来。
3. 请您随意。
4. 没有什么好菜，请您品尝。
5. 粗茶淡饭，没什么好东西招待你。
6. 哎呀，已经到这个时间了，得走了。
7. 今天承蒙招待，十分感谢。
8. 下次再来玩啊。
9. 打扰了。
10. 打扰您这么长时间，非常感谢。

第二课　日本餐厅

1. 没有特别的喜好，什么都可以。
2. 那我就不客气了。
3. 我是第一次吃生鱼片。您能告诉我怎么吃吗？
4. 合您的口味吗？
5. 您有不喜欢吃的食物吗？
6. 请趁热吃吧。
7. 请下次也叫上我吧。
8. 谢谢您的款待，非常好吃。

9. 我们已经等很久了，还要多长时间？

10. 不好意思，我们没有点这道菜。

第三课　学做中国菜

1. 首先，把蔬菜和水放入锅内，将水煮沸。

2. 接着，放入汤料，和蔬菜一起煮，煮到蔬菜变软为止。

3. 最后，再加入少量盐，就完成了。

4. 把牛肉切成适当的大小，把洋葱切成薄片。

5. 往锅内倒油，将牛肉和洋葱一起炒。

6. 不要过分地去搅拌。

7. 蒸的时候要调好计时器，算好正确的时间。

8. 没有甜料酒的话，用糖来代替也可以。

9. 放入冰箱冷冻，使其凝固。

10. 确认一下里面是否熟了。

第四课　探病

1. 听说您住院了，我非常震惊。

2. 我听说您患了流感。

3. 听说您的手术很成功，术后也恢复得很顺利，我非常高兴。

4. 您感觉怎么样呢？

5. 这段时间，您的身体状况怎么样了？

6. 您的身体怎样了？

7. 我期盼着您能早日康复。

8. 我期盼着您能早日出院。

9. 请好好养病吧。

10. 我衷心期盼您能早日康复。

第五课　温泉旅行

1. 我来查一查，请问您有什么要求？

2. 那么，就为您预约了。

3. 麻烦提供您的姓名和电话号码。

4. 麻烦帮我取消预约。

5. 双人房的话，包早餐，税前每晚8000日元。

6. 什么时间到达呢?

7. 在确认之后,我们会通知您的。

8. 请填写参加旅行申请表。

9. 原则上,双人房是两个人使用的。

10. 如果出事故的话,我公司和主办公司不负任何责任。请务必购买国外旅游保险。

第六课　游览家乡

1. 这是只有这里才能买到的特产。

2. 坐火车的话要22个小时,坐飞机的话要3个小时。

3. 坐长途汽车坐到○○,然后在那里换乘当地的公车。

4. 我的家乡和大城市感觉不一样。这里空气清新、风景美丽、水也很好喝。

5. 我的家乡是个工业城市,有很多大工厂。

6. 如果您不嫌弃的话,我想带您参观我的家乡。

7. 附近有个叫○○的景点,想去参观一下吗?

8. 如果您不觉得疲累的话,接下来我想带您去参观一个叫○○的景点,不知您意下如何?

9. 这里可以玩○○,体验一下吗?

10. 接下来我想带您去参观○○,在此之前请允许我说明一下。

第七课　留学签证和海关

1. 请务必阅读以下注意事项。

2. 书面材料无法提供原件的可以提供复印件。

3. 身份保证书以外的书面材料没有固定的样式,因此请适当地书写。

4. 签证的发放需要多长时间?

5. 请问一下,想申请留学签证要怎么办理呢?

6. 不好意思,您和保证人之间是何种关系?

7. 一周以后,请凭这张存根和身份证前来领取签证。

8. 这张申请表填好以后,和护照一起上交。

9. 在留学期间,如何解决生活费问题呢?

10. 如果很急的话,明天下午也能够领取,但是要另外收取费用。

第八课　情感天地

1. 我现在有交往的对象。

2. 其实,我和男朋友吵架了。

3. 如果方便的话，我想和你商量一下。
4. 这么一点事就叫你出来，实在是很抱歉。
5. 你想太多了。
6. 再次好好谈谈，怎样？
7. 明天我会和他好好谈谈。
8. 托你的福，现在心情好很多了。
9. 我觉得现在有了自信。
10. 你能够听我倾诉，非常感谢。

第九课　商务电话

1. 百忙之中打扰贵公司，真不好意思。我是○○大学的李……看到了招聘启事，因此打了电话。
2. 我是看了招聘启事后，打电话的。
3. 听说正在聘请兼职，是吗？
4. 我想投递简历，能告诉我邮箱地址吗？
5. 如果是明天下午的话，因为没有课，可以过去。
6. 十分对不起，明天我有课，后天下午可以吗？
7. 突然给贵公司打电话真不好意思。
8. 给贵公司打电话，失礼了。
9. 可以请问您一些事情吗？
10. 百忙之中打扰贵公司，真的很抱歉。

第十课　面试

1. 下面让我简单地自我介绍一下。
2. 对不起，能请您再说一次吗？
3. 现在还不能明确地答复您……
4. 我对贵公司的业务很感兴趣。
5. 贵公司业绩非凡，是业界领头羊。
6. 对于贵公司在中国市场的营销活动有很大的兴趣。
7. 我认为，不管遇到什么事情都不气馁是我的优点。
8. 进入大学以后，通过学生会的活动，学到了各种东西。
9. 如有幸被贵公司录用，我将发挥日语语言能力为中日友好起桥梁作用。
10. 这次我们暂不录用。

第十一课　生日派对

1. 愿你好运连连,生日快乐。
2. 非常谢谢你的关心。
3. 感谢你的心意。
4. 您送给我的祝贺礼物〇〇,我会一直好好珍惜的。
5. 这次收到了很多礼物,真是非常高兴。
6. 很早之前就想要了。
7. 小小心意,请收下。
8. 好漂亮,那我就不客气了。
9. 生日快乐！不能和你一起庆祝生日,真是遗憾,但是我会送上祝福的心意。
10. 要是〇〇能来的话,应该会更高兴的。

第十二课　参观学校

1. 这是60年前左右建成的纪念碑。
2. 现在正在建设中,据说2年以后计划完成。
3. 这栋建筑物是根据这个地方独特的建筑样式来建造的。
4. 从这里能看见的是第五教学楼,主要是经营系的办公室。
5. 穿过广场在右边有一栋白色的大楼,院长办公室在顶层。
6. 正在准备,非常抱歉,请您再稍等一下好吗？
7. 非常抱歉,马上就给您换新的。
8. 宴会在图书馆负一层大厅举行。
9. 如果有什么事的话,请随时吩咐。
10. 我也刚好要去那里,让我陪您一同过去吧。

第十三课　介绍朋友

1. 我一定要跟您见一面。
2. 我久仰您的大名了。
3. 如果有机会的话,请您介绍一下吧。
4. 一年前开始学习中文。
5. 如果方便的话,请您过来吧。
6. 请您不要客气,进来吧。
7. 两位都对文化交流都有很浓的兴趣吧。
8. 不久的将来还会见面的。

9. 她的丈夫在中国的大学里教授日语。

10. 今天能见到您，我觉得非常荣幸。

第十四课　送别

1. 谢谢你们一直以来的照顾。

2. 长久以来承蒙大家关照了。

3. 真是舍不得啊。

4. ○○先生（小姐）的欢送会现在开始。

5. 那么，让我们为○○先生（小姐）一家的身体健康而干杯。

6. 我期待着和各位的再会。

7. 首先请、○○部的○○部长致辞。

8. 宴会将于九点三十分结束。

9. 我衷心期望您的事业更上一层楼。

10. 您要是再次来到中国，请一定要跟我联系。

附录二　日本文化知识

第一课　访问日本人家庭＜到日本人家做客的礼仪＞

＜按门铃之前需要注意的事＞

■ 约定的时间

有时候，到达时间比约定时间迟几分到10分钟的话会比较好（避免在主人做迎接客人的准备时造访）即使早到了，最好考虑干点别的事情来打发时间。

■ 特产

① 考虑着对方家庭的成员组成及其喜好来选择。

② 如果对方家庭有小孩子的话，既可以准备老少咸宜的东西，也可以给大人和小孩分别准备。

③ 当遇到和对方一起享用特产的场合时，应该考虑到为不在场的家庭成员预留一份。

如果用「こちらは、○○さんがお帰りになったら、召し上がってください」等这样的表达，显得心思细腻。

④ 除了需要马上放入冰箱的东西之外，其他的不要在玄关处给。

■ その他

到别人家做客的时候一般都要脱鞋子，袜子是否干净，夏天赤脚是否合适，这些问题都要事先考虑。

＜主人开门后需要注意的事＞

■ 打招呼

传达对受到邀请的感谢之意。

■ 脱鞋子的方式

① 要按照这样连贯的顺序来做：脱鞋子、穿拖鞋、把自己的鞋子摆放好。

② 不可以背朝着主人拖鞋。拖鞋时应正面朝着主人，进屋后，斜对着主人跪着把鞋子转

过来，放在角落里。

<被领进屋里时需要注意的事>

■ 再一次问好

被领进屋子里时，也需要再次寒暄问好。

「静かで良い所ですね」

「素敵なお部屋ですね」

等称赞对方房子和品位的话是挺好的。除此之外还可以说一些普通的问好

「こんにちは。いつもお世話になっております」

「今日はお目にかかるのを楽しみにしてまいりました」

「本日はご招待いただき、ありがとうございます」

■ 在这里拿出特产

问好之后就可以送特产了。不经意地说出选购理由会比较好。

■ 日本式房间的情况

在被邀请坐上座之前，要先坐在下座。此时，不要往坐垫上坐。

进屋后问好和拿出特产的时候也不要往坐垫上坐。

<告辞之际>（离开准备）

■ 说到提出告辞的时机，在某段对话结束时，或者主人为自己重新添茶时，自然地说出「そろそろ失礼します」是比较好的。

■ 做客 1～2 小时之后是提出告辞的第一个时间点。在话题进行得正酣或者主人中途刚回来之后，最好不要提出离开。

■ 当主人说出「もっとごゆっくり」「お食事でもご一緒に」等挽留的话时，如果不是非常亲近的关系的话还是婉拒比较合适。但如果主人三番两次强烈要求的话，坦诚接受比较好。

■ 离开的时候，在玄关穿好鞋，把拖鞋的方向转过来，在原来的位置摆放好。

■ 对方出来送客的时候，走几步之后要稍稍回头，打一下招呼。把气氛维持到最后。

■ 最后，到家后应向主人家打电话告知已平安到家，对于主人的热情招呼表示感谢也是很重要的。尤其是到长辈家中拜访的情况，日后还需要给对方写致谢函。

拜访日本人家庭的主题。简单礼品，日式房间的座位坐法（男女差异），被挽留之时、不要信以为真地继续逗留，不要随便进入厨房，离开的时候要多次回头招手道别。

第二课　日本餐厅＜被邀请去吃饭时的礼仪＞

① 如果有急事要拒绝别人的邀请的时候→委婉地表示拒绝

应当说「お誘いありがとうございます。」对其邀请表示感谢，也要说「残念ですが…」来说明能让对方接受的具体的理由。

② 日本料理的基本礼仪

〈一次性筷子的使用方法〉

用双手水平地拿着筷子，用右手抓住筷子中间往身边拉。把分开的筷子互相摩擦是不礼貌的做法。

〈如果没有放筷子器皿〉

把放筷子的袋子打成千代结，代替放筷子的器皿。

〈生鱼片的食用方法〉

如果不手持着装酱油的小碟子来吃，酱油就有滴下来的危险。生鱼片和配菜交替着吃是礼貌的做法。

〈寿司的食用方法〉

用手食用的时候

· 用拇指和中指夹住寿司的两边，食指顶在对侧，把寿司往面前拉。

· 配菜朝下，蘸些许酱油食用。

用筷子食用的时候

用筷子夹住寿司的中间部位，像要向旁边倒那样，在配菜上蘸酱油。

带鱼尾的鱼干烧（竹荚鱼）

· 从头部开始，用筷子取鱼肉食用。表层的肉吃完以后，把带有鱼尾的整个鱼骨和肉剥离，在鱼头下面切离将其放在对侧。

· 接下来是食用里层的部分。鱼绝对不能翻过来食用，因为酱汁可能会溅到周围。鱼肠和鱼骨集中在一起处理掉。

③ 桌子的上席、末席

在日式的房间里，背对壁龛而且离壁龛最近的位子是上席。

在西式的房间里，离入口最远的位子就是上席。

中国料理基本上是用大盘子盛用的。在那时，最容易准备的是分量，如果是方形的桌子的话是6～8人的分量，圆桌是10～12人的分量。

关于座次，让最年长的人、主客坐在上座这种做法现在已经没有那么严格。主人和客人相对而坐，其他的客人则男女交叉坐在一起。

吃中国料理的时候的上座……一般是面向南的位子，也就是北边的位子。但是在高级饭店里面，离入口最远的位子被认为是最好的位置。

④ 关于结账

在中国，店员会把账单送到餐桌前。如果是在出口处支付的话，被请的人应站在离出口稍远的地方，这才是礼貌的做法。结账后出来，应该说「ご馳走さまでした。」「おいしかったです。」，充分地表达自己的感谢和喜悦。

⑤ 改日再见时应再次表达感谢。

第二天早上见面的时候，应说「昨日はご馳走さまでした。」「先日はご馳走さまでした。」，再次表达感谢。

如果是身处远方的人，写一张简单的明信片或者是发邮件都可以。

● AA制文化

在中国和韩国，即使不说「今日は私がおごる」，也会有默认的规矩。

在日本人之间，和朋友甚至是年长的人出去，也就是彼此熟识的朋友之间，「割り勘」是很普遍的。但是，有一定的理由邀请人出去吃饭的时候，邀请的一方请客的情况会比较多。

第三课　学做中国菜 ＜日本的中国料理＞

中国料理，毋庸置疑是世界上最有名、最为人所喜爱的。在美国的电视剧中，也能看见大学生打包外带饺子的场景，在各年龄层都十分具有人气。若是曾经去过日本的人应该会注意到，日本也有许多中国料理店，从街边的拉面摊到高级的宫廷料理店，可以享受到种类繁多的菜式。

在日本吃到的中国料理，虽然是以中国菜为基础来制作的，但是材料和烹饪方式有很大的不同，现已经成为一种日本独特的料理。它以中国料理的形式与日本料理相区别。日本在历史上受到了中国的影响，除去江户时代与中国发生交流的长崎之外，一般民众开始品尝中国料理是在大正到昭和期间。那些中国料理在传播过程中，为了迎合日本人的口味而发生了改变。

日本的中国料理不仅仅是美味，还非常有趣味。例如《天津盖浇饭》这一道菜，是加入了日本当地特有的蔬菜和肉类而炮制的芙蓉蟹鸡蛋汤盖浇饭，而据天津人称，当地乃至整个中国都没有这样的一道菜。要是换成了日本人，仅仅看名字就会就会认为这是天津有名的料理，或

认为这是从古时候流传下来的传统料理。下面会举一些具体的例子,主要是中国人在中国吃的中国料理和日本人在日本吃的中国料理的不同及发源的历史,使人不禁能感受到新中国料理的魅力。中国的客人要是一进入日本的中国料理店,可能会邂逅到在中国从没吃过的料理。

- 拉面——源自中国的面食料理,已经变成了独具风格的日本料理。特点是使用了"中华面"这种日本独有的面食。
- 担担面——原本在四川料理里面,大部分都是一个小碗里放入没有汤汁的担担面。日本担担面已经发展成跟拉面很接近的形式。
- 长崎鸡汤面、挂浆炒面-在长崎孕育出的中国料理。
- 饺子——在日本,普遍流行加入大蒜等独有的改良做法。在日本,饺子并不是主食,只是被当做一种小吃。
- 炒青菜——面向日本普通家庭的过程中,中国料理的肉炒青菜被简化之后的成果。在日本,一般是用多种蔬菜,进行各种各样的搭配。

第四课 探病 ＜探病的礼仪＞

探病一般是病人住院4、5天之后或是术后2、3天后,跟家属电话确认能否去探病、病情如何之后施行的。电话中确认探病不可能实现时,应该取消探病,等到病情稳定后再谈。特别要避免的是,一大帮人蜂拥而至或是带着孩子去探病。当然,严守探病时间是原则,时间上来说下午的休息时间过后会比较好。听说人家住院的事马上就提出探病是不行的。一定要先确认对方的状态后再拜访。说起合适的时间,病人开始恢复的时候会比较合适。

*探病的服装

去医院探病的时候,有一些注意事项。穿花俏的衣服和喷味道浓烈的香水都是不礼貌的。同时,让气氛变得凝重的衣服也是不恰当的,应当选择鲜艳、明快和干净的衣服。女性的话,应当避免穿暴露的衣服。

*探病的话题

探病时,谈论太多关于病情的事是禁忌。闲聊10分钟左右,也许就要准备回去了。即使是说得很起劲,也不能忘记病人的病况。应当抱着"如果去探病的话,病人会累的"这种想法。

*探病的礼品

一般情况下,带花和水果去探病会比较多。但是,在日本也有在袋子里装上钱送给对方的习俗。带花去的时候,有一些注意事项。下面列举了一些去探病的时候不能带去的花。

*探病的禁忌

为了不给同病房的病人添麻烦,应当避免一大帮人蜂拥而至。避免穿花俏的衣服或是黑色系的衣服,选择颜色明快、设计简约的衣服会比较好。走路的时候,会让地板发出声响的鞋子、味道浓烈的香水都应当避免。大声喧哗会给同病房的病人带来困扰,应当低声细语地说话。大笑更是不可容忍的。

不能详细地询问病情或是治疗内容，或是炫耀自己一知半解的医学知识。同时，也应当慎用「すぐに良くなりますよ」这种不负责任的话语。生病的时候，无论是谁都容易心情低落。有时「頑張ってください」这种鼓励的话，反而会起到相反的作用。作为代替，说「お大事になさってください」「お仕事のことはしばらくお忘れになって、ご静養ください」「一日も早く復帰なさることを、職場のみんなで待っています」这些话会比较合适。

◆ 探病的礼品的选择

探病的礼品要是能询问对方的话，那就最好了。但是如果不能做到的话，就根据对方的兴趣选择杂志、书籍、CD、游戏等能让对方高兴的东西。除此之外，对住院生活有帮助的睡衣、长袍、毛巾等都是合适的慰问品。

由于生病，对食物方面会有限制，不要送蛋糕和水果比较好。

花作为探病的礼品是很常见的，但是令人惊奇的是，花有很多禁忌。为了不要糊里糊涂地送下面列举的花，请大家注意。

- 盆栽——从「根付く」联系到「寝付く」。
- 仙客来——「死」会让人联想到「苦」。
- 鲜红且单色的花——让人联想到「血」。
- 菊花或白色的花——弔事に用いられる花であるため，由于是丧事用的花，会让人想到「不幸を待っている」。
- 百合等香味浓烈的花——让人心情不愉快。
- 山茶花——花会吧嗒一声落下，给人不吉的印象。
- 罂粟花——花瓣很容易凋落，让人联想到「命が散る」。

要考虑到对方那里没有花瓶的情况，送带有种植环境的花或是和把花瓶和花束成套的送给对方会比较好。这时，花朵数注意不能是4支、9支这种让人联想到「死」或「苦」的数字。

探病的慰问金的礼仪

要送探病的慰问金的话，金额要避免4和9这些数字，大部分是3000日元起，多一点的话可以是10000日元。如果是朋友、熟人或同事的话，大概是3000日元到5000日元。如果是家人、亲戚的话，大概是5000日元到10000日元，根据和对方的关系及亲疏程度来决定要封的金额。但是，一般来说，给上级送现金被认为是失礼的事情，应引起注意。

慰问金的话，装在没有礼签的带有红白礼品绳的赠款袋里，然后在封面写上「御見舞」和姓名，这样送给对方是比较正式的。但是，根据金额的不同，用市面上卖的印有表书和礼品绳的信封也是可以的。

要给探病的慰问品附上礼签纸的时候，同样也要使用带有红白礼品绳的礼签纸，在表面写上「御見舞」（如果是送给上级的话，要写「御伺」）以及自己的姓名。

▲現金を贈る場合（のしなし）

▲お見舞い用（のしなし）

带水果去探望时，也有注意事项。日本和中国的水果种类不一样，但是需要了解对方的病情之后再买，这是共通的常识。应当尽量避免给肠胃不好的人带水果。由于生病，会对食物有所限制，如果能够询问一下家属的话，问清楚会比较好。和花一样会散发出浓烈的味道的东西，吃过以后会让身体发冷、发热的东西，都不能送。在日本，甜瓜被认为是高级的水果，探病的时候经常被带去。梨在中国被认为是不吉利的，也要经常考虑一下这些情况。考虑到是要在医院里面吃的，不用清洗马上就能吃的东西会比较好。苹果、橙子是随处可见的水果，一般来说大家都能接受，所以很适合带去探病。榴莲、荔枝和芒果等南方的热带水果都容易腐烂，也有讨厌的它们的人，还是不要送这些水果比较好。水果店里卖的探病用的水果篮也要确认里面的水果是否新鲜后，会比较好。

探病的礼品的话，比较受欢迎的是毛巾、睡衣、长袍和拖鞋等住院期间的必需品。同时，能够让人轻松阅读的杂志、书、相册、画册等，彩色铅笔、书信套装这些消磨时光用的东西会比较讨人喜欢。

第五课　温泉旅行 <喜欢泡澡的日本人>

泡澡是日本人每天必做的事，用来解除一天的疲劳是必不可少的。在外国，也有很多国家的是先冲凉，然后在浴缸里对身体做彻底的清洁。日本人一般是用热水泡澡。因此，国外的酒店要是遇到日本人的旅游团来住宿的时候，热水的供应甚至会跟不上。反之，很多外国人来日本游玩时，不清楚日本的一般家庭都是一家人使用同一缸热水的习惯，泡完之后把塞子拔了。

此外，泡澡也是一种娱乐方式。全国数千种温泉、木制洗澡间、坠落式洗澡间及石室洗澡间等，集聚了各种类型的洗澡间的澡堂很受欢迎。人们一边泡澡，一边和朋友、亲人谈笑，有时还要小酌一下，气氛会非常好。

人生中的第一次沐浴叫做"产汤"，死后要用"汤灌"的方式来清净自己。除此之外，从平安时代以来，贵族们在乔迁、婚礼及病愈，或者是迎接新年时，一定要进行沐浴。作为宗教上、文化上的公认礼俗，泡澡对于日本人来说，一直被认为是非常重要的。

从上面的内容可以看出，日本人在各个方面都可以说得上是喜欢泡澡的。在外国，也有喜

欢泡澡的人们。在欧洲，从公元前几世纪的罗马帝国开始，就有了公共澡堂。当时，与其说是通过桑拿浴来洁净身体，不如说它主要是被用在医疗目的上。在土耳其，从古时候开始，就有一种叫做"hammām"的桑拿浴。"为让身体保持清洁而服务"的伊斯兰教的信仰和罗马的澡堂风俗结合在一起，广泛传播，到17世纪中期，在伊斯坦布尔市内，大约有过15000个的土耳其式澡堂。人们在大型的桑拿房里流汗，让人给自己按摩或是清洗身体。更甚的是，在澡堂里表演戏剧，土耳其式澡堂被做当了社交场所，这和江户时代的钱汤有相通的地方。

第六课　游览家乡 ＜介绍家乡时的礼仪＞

　　首先要把自己当成是个导游，让对方对自己的家乡感兴趣是最重要的。也许很多人会认为自己的家乡并不是个有名的城市，反之认为自己的家乡是很有名的城市的人也是少数。即使是广州市民，实际上很多都是从各个地方来的人。无论你的家乡是多么小的城市，即使没有有名的旅游景点，也一定会有自己的特点。把这些特点介绍出来，也应该能够成为让人难以忘怀的旅行的。也许会有当天往返的比较近的地方，也会有需要火车和公车换乘的相对来说较远的地方。家乡要是比较远的话，就可能要考虑住一晚了。这时，家人也许都会说让特意从日本来的客人留宿在家里吧。但是，由于人生地不熟，也有会顾虑到朋友的家乡留宿的人。此时，要从对方和家人的立场出发，充分地进行沟通。如果事先知道要在你的家乡留宿，对方也会做相应的准备，出发前先说清楚会比较好。拜访人家的时候，日本人有带礼物上门的习惯。如果不提前通知的话，也许会让日本人很困扰。同时，也要充分考虑到日本人想住在酒店的情况。

　　在那个时候，下列的表达方式应该可以作为参考吧。
＊「両親がぜひうちにお泊まりくださいと言っておりますので、いかがでしょうか」
　　爸爸妈妈说一定要让您留宿在家里，您觉得怎样？
＊「もしよろしければ、ぜひうちに泊まってください」
　　如果您不嫌弃的话，请您留宿在我们家吧。
＊「家族が○○さんにお会いするのを楽しみにしていますので、実家にお連れしてもよろしいでしょうか」
　　家里人都非常期待能够见到○○先生/小姐，让我带您去我的家乡，您觉得如何？
＊「町の中心にいかなければホテルがないので、ちょっと遠くなりますが…」
　　如果不去市中心的话，是没有酒店的，稍微有点远呢……
＊「近くに招待所がありますけど、ホテルほど設備が整っていません」
　　附近有招待所，但并不像酒店那样设备齐全。
＊「ご遠慮なさらずに、一泊だけですからうちに泊まってください」
　　请您不要客气，在我们家留宿一晚吧。
＊「習慣が違うでしょうから、もし困ったことがあったらすぐ言ってください」
　　也许习俗会不一样，如果有什么要帮忙的，请您马上告诉我。

<完美地介绍自己的家乡>

为了尽可能通俗易懂地给对方介绍家乡的特点，必须要做各种各样的准备。

＊介绍地理位置

从现在所在的位置到家乡之间的距离用具体的数字来表明，或是用东西南北来说明在地图上的大体位置。

例）「広州から南に300キロ離れたところです」距广州以南300公里的地方。

「地図で見ると中国大陸の最も南に位置します」从地图上看的话，位于中国大陆的最南端。

「北京から南に150キロ下ったところです」距北京以南150公里以下的地方。

＊介绍特点

中国根据地方的不同，文化、气候、习惯、语言等都各不相同，家乡的特点要从各个方面来考虑说明。

例）「私の故郷では客家語を話します」我的家乡是说客家话的。

「潮州には『工夫茶』という茶芸の習慣があり、皆よくお茶を飲みます」在潮州有『工夫茶』这种茶艺，人们经常喝茶。

「故郷の料理の味付けはとても辛いので、広州の広東料理とは全く違います」家乡的料理味道非常的辣，和广州的广东料理完全不一样。

「冬には雪も降りますが、夏も暑く、四季がはっきりしています」冬天的时候会下雪，夏天也很热，四季分明。

＊介绍名胜、古迹，历史人物和名人

从全世界、全国有名的东西到只有当地人知晓的东西，能够代表当地的某些场所、建筑物和景点都要进行介绍。同时对来自当地的名人进行介绍，让对方产生兴趣。

例）「中山は孫文が生まれた町で、今でも古い家が残っています」中山是孙文出生的城市，现在还保存着他的故居。

「順徳には「清暉園」と呼ばれる清の時代に建てられた名士の屋敷があり、広東四大名園の一つになっています」在顺德，有座清朝建造的名叫「清晖园」的名人宅邸，是广东四大名园之一。

「恵州には国家重点風景名勝の西湖があり、とても美しいです」惠州有国家重点名胜风景区——西湖，非常的美。

<介绍家乡的时候，要使用让对方易懂的话语>

虽说是朋友，但对日本人来说，无论走到中国哪里都是异国他乡。想到这一点，应该就可以理解一些日本人不能接受你的家乡的传统仪式、风俗和独特的食物了。此时，使用不让对方为难的话语就显得非常必要了。

例）「これはこの地方ではとても有名な犬を使った料理ですが、いかがですか」这是本

地非常有名的狗肉料理，您觉得怎样？

「このお酒は日本の清酒よりずっと強いので、無理なさらないでください」这个酒比日本的清酒要烈很多，请不要勉强自己。

「たばこを勧められても、受け取るだけで吸わなくても大丈夫です」即使被人劝烟，只要收下就好了，不吸也没有关系。

「料理が辛すぎたら、他のものを注文しますので、遠慮なく言ってください」如果料理太辣的话，可以点其他的东西，请不要客气。

你知道吗？

如果日本人问你「中国有多少个省？」，你可以回答吗？除此之外，你能回答「上海的人口有多少？」「中国最南端的省是云南吗？」这种简单的问题吗？人口也许不太可能回答得上来，但是至少中国的省份的个数和直辖市、自治区、特别行政区的个数等要记住。日本人在小学的时候，无论是谁都知道47个都道府县。也许有不清楚各县的具体位置的人，但是数字是不会错的。要是日本人单纯地问中国的大学生省份的个数话，却被告知「我不知道」，还若无其事的样子，有机会的话去查一下吧。

第七课　留学签证和海关 ＜日本签证知识＞

外国人来日本的时候，一般需要先获得日本的签证。由于中国大陆（香港、台湾除外）并没有被列入免除签证的对象，来日本的时候，不仅仅天数要获得许可，事前的签证也是必须的。

原则上，签证申请者必须满足以下的全部条件并被判断为适合获得签证的情况下，才能获发签证。

1. 申请人必须持有有效的护照，确保拥有回到本国或是侨居国的权利和资格
2. 申请相关的材料正确、完备
3. 申请人在本国的活动及申请人的身份和地位及滞留的期限符合入管法的滞留资格和滞留期限的规定
4. 申请人不符合入管法第5条第1项的各项规定

根据您所持的护照类型、入国目的、滞留期限的不同，手续和文件材料也不尽相同，请您注意。

此外，以满足一定条件的中国客人为对象，签发个人旅游签证或是在有效期内，可以多次进入日本的多次签证。

除了"探访亲人、朋友"、"短期商用"的目的之外，需要进入日本的情况下，必须让自己在日本国内的代理人到法务省的各地的出入境管理局获得《滞留资格认定证明书》之后，才能进行签证的申请。

此外，要是参加由旅游公司的旅游团的话，签证的申请由我馆指定的旅游公司代为办理。

第八课 情感天地 ＜恋爱礼仪＞

＜倾诉恋爱烦恼的时候＞

和倾诉工作的烦恼不同，倾诉恋爱烦恼的对象应该不是上司和长辈吧。但这并不是对着谁都能聊的事，况且是中日跨国情侣的情况，普通的建议也许会不合适吧。无论什么时候，首先要谨记的是恋爱的话题是个人的私事，倾诉对象是要选择的。拜托值得信赖、真的是为了自己着想的人从第三者的角度给予建议，这样会比较好。而且有些人也讨厌把两个人之间的事跟别人诉说吧。还是要充分考虑对方的感受。

＜向日本人倾诉的时候＞

不能突然就找对方倾诉，要先跟对方打招呼。

「真的很抱歉，这种事情也跟你说，实在是太不好意思了……」

「我很烦恼，自己解决不了……」

「对你来说，可能有点无聊……」

像这样先打招呼之后，对方要是表现出可以倾听的态度的话，就跟对方说出烦恼吧。

＜征求建议＞

说出烦恼之后，别人不会理所当然的就能帮你解决。如果是为了你好而提出了建议，就带着诚意听取吧。同时也不要忘了感谢人家。

「这样想的话就很好啊。」

「我从没有像这样想过这个问题，下次就这样做吧。」

「原来如此，那样会比较好啊。」

「托你的福，我觉得心情好多了，非常感谢。」

「你听我诉说那么无聊的事，还给了我建议，我非常高兴。」

「可能会很困难，但我会朝积极的方面想。」

「你抽出宝贵的时间陪我，非常感谢。」

「让我意识到自己还有很多不足的地方。」

「能得到你宝贵的建议，非常感谢。」

「下次我要亲身实践从你那里得到的建议。」

＜度过愉快的约会＞

无论是谁都想充分地享受约会，为此我们要做周密的准备。无论是中国还是日本，关于约会都有相似的地方，但还是有不同的地方。

* 情人节（2月14日）和白色情人节（3月14日）

在中国，被称作情人节的这一天，是中国的男生给恋人送礼物、送花的忙碌的日子。在日本，2月14日是女生向喜欢的男生告白，已经成为情侣的人从女朋友那里得到礼物的日子。在

那天，不能忘记的是要给对方赠送巧克力。在2月14日之前，日本的大街上所到之处都是巧克力的卖场。和中国的中秋节的月饼卖场有点相似。在那天到来之前，女生们会给对方挑选合适的巧克力。最近也非常流行自己做巧克力送给对方，把巧克力做得很可爱送给对方的DIY的人也在不断地增加。在这一天，因为女生大胆一点也没有关系，在这一天向自己喜欢已久的男生告白的人也不少。

有人说是因为巧克力公司的策略，情人节才被定下来的。但在日本，在2月14日情人节这一天赠送巧克力的习惯说得上是根深蒂固的。虽然有学校是禁止恋爱的，但好像是不能无视情人节那样，从小学到高中都发出了禁止在校内赠送巧克力的通知。本来是风纪上的问题，但却以受欢迎的男生能收到很多巧克力，不受欢迎的男生却什么都收不到，不想出现这种差别为由，禁止赠送巧克力。

此外，也有「義理チョコ」，是指女生给平常对自己照顾有加的男生，无论喜欢还是讨厌，都赠送巧克力的总称。女性职员会一视同仁的给男同事赠送巧克力，也会准备几十个巧克力。与之相对应，给自己真正喜欢的人赠送的巧克力叫做「本命チョコ」。赠送「本命チョコ」的时候，不仅是巧克力，也会一起赠送男生喜欢的礼物。

虽说在2月14日收到了巧克力让人很高兴，但男生也有自己的心酸。一个月以后，有作为巧克力的回礼，给女生送糖果的白色情人节。据说这也是日本的糖果公司的策略，但却是日本的情侣的经典的项目之一。在这一天，男生并不仅仅是买糖果送给对方。从订饭店、酒店，约会的行程等等全都要负责，甚至连礼物也要准备好。情侣的话还好，以这天为契机向喜欢的女生告白的男生要花很多的心思制订计划。根据调查显示，在这一天女生希望得到的礼物里面，名牌的新款包包、手表、装饰品等总是排在前面。每年都会听到一些男生从12月24日的圣诞节到3月14的白色情人节的3个月间，一边节衣缩食一边兼职存钱的事。

＊AA制和男生付款

无论是中国还是日本，恋人或是喜欢的人生日的时候，给对方赠送礼物是很普遍的。但是约会的时候，到底应该谁来付款呢，根据情侣的情况而不同。但是，在中国「男が払うべき」这种传统的想法是根深蒂固的，即使是学生之间很多时候也是男生付款的。日本的话，结婚以后，男性的负担会变重，但是一般情况下，约会的时候是AA制的，很多时候是自己付自己的那一份。AA制的话，从女生的方面来说，也能轻松地赴约，没有被束缚的感觉，会觉得很轻松。此外，在饭店付款的时候，总是男性先付账，然后再平摊。也有很多善解人意的女生为了不损坏男生的面子，先把自己的钱递给男生。无论怎样，要是心里是抱着「男が払うのは当たり前」「年上の人が払って当然」的想法，都会在自己的脸上、态度上表现出来。所以，当对方结账的时候，应从心底抱着感谢的心情。

＊应当说谢谢呢，还是不用说呢

亲密的人之间说谢谢会很见外，觉得不习惯，这是中国人一般的想法。但是，在日本从小就被教导要「亲密也要有礼有节」，亲人、夫妇和恋人之间自然而然就会说谢谢。「ありがと

う」本身是非常美的语句。所以日本人使用「どうも」「すいません」「悪いねえ」这些句子显得暧昧不清，「ありがとう」也是这么特殊的语句，也可以说是特殊的词语。和日本人交往的时候，除了得到什么东西之外，对方为自己做了什么事的时候也要直率地说谢谢。此外，必须要遵从中国或是日本没有的风俗习惯的时候，先要考虑对方的感受。

*设身处地的说一句

有这样的一个心理测试，「约会的时候，对方姗姗来迟，你会等对方多久」。如果是你的话，你会等多久呢？实际上这是看你的猜疑心有多重的测试。等30分钟的人，是「喜欢对方，担心对方，一直等待」的人，实际上是猜疑心非常重的人。也可以说是心胸开阔，但就像「容忍有度，事不过三」说的那样，每次都迟到的话，宽容也许会变成怒气。此外，还会让对方产生「那个人经常迟到，我迟到也没有什么关系」的想法。即使有什么理由，解释之前要是能说一句「对不起」的话，总会起作用的。总之，有没有表达"自己有错"的这种话语，会影响以后的关系。

第九课　商务电话 ＜给公司打电话时的礼仪＞

在打电话的方法上，中国和日本或多或少有些差异。在日本，打电话方首先说自己的名字，然后再说出对方的名字。而在中国，经常首先确认想通话的对方是否在，如果不在的话，并不会特意说出自己的名字，就直接挂断了。和日本人打电话时，先说自己的名字会比较好。否则，接电话方会说「失礼ですが…」等等，提醒你说出名字。再者，这个时候没能理解「失礼ですが…」的含义而继续保持沉默的话，对方也会感到困扰。除了很亲近的关系之外，在工作上和非私人的电话中，如果不说出自己所属公司的名字或部门、学校的名字等等，对方也不放心。

*拨号前

确认对方的公司名、个人名字、咨询事宜。咨询事宜需事先整理，做好记录。

*不要一下子就进入主题

首先把「～の件でお電話いたしました」说在前面。咨询的事情比较多时，用「今よろしいでしょうか」来和对方确认是否有时间。

*对方接电话之后，先说自己的名字，接着问好。

和对方曾经有来往

「○○大学の李です。いつもお世話になっております」

第一次给对方打电话

「お忙しいところ失礼いたします。私、○○大学の李と申します」

*告知想通话的人的名字

「恐れ入りますが、○○部の佐藤様はいらっしゃいますか」

*想通话的人接过电话以后，再一次说自己的名字，接着问好。

「○○大学の李でございます（です）。いつもお世話になっております」
＊概括要点，简洁明瞭地说出想要咨询的事情
如果咨询时间可能很长，应该征得对方同意再开始。
「○○の件ですが」
「○点あります。まず1点目ですが」
「今よろしいでしょうか」
「少々お時間をいただけますでしょうか」
＊想通话的人不在的时候
有时候，打了电话也不能和负责人通话。这时先不要挂断电话，礼貌地应对较好。
【无人接听的时候】不挂断电话，在电话上留言。
「○○で貴社の求人情報を拝見し、お電話しました××と申します。また改めてご連絡申し上げます」
【根据情况，跟转达的人沟通】
「かけ直しますので、電話のあったことをお伝えいただけますか」
「お戻りになりましたら、お手数ですが折り返しお電話をいただけますでしょうか」
「伝言をお願いできますか」
＊拜托对方转达时，为确认事情是否有完全转达，询问对方的名字。
【对方没有重复一遍】
「念のため確認させていただきます」
【对方没有说自己的名字】
「失礼ですが、お名前をうかがわせていただけますか。」
＊如果是对方回电话的情况，先告知对方自己的电话号码，可以给对方省去一些麻烦。
「念のため電話番号を申し上げます」
＊最后的话别
「それでは、よろしくお願いいたします」
＊挂电话。原则上，打电话那方先挂断。
如果对方是顾客或者长辈的话，等对方先挂断后再放话筒。
＊挂电话时
等一会儿后静静地放下话筒。放话筒太大力的话，给人感觉不好，需要注意。

第十课　面试 ＜面试的礼仪＞

＜事前准备＞
首先，打听公司的情报，查阅公司网页、公司资料，了解公司的概况。公司成立年份、董事长的名字、公司政策等等一定要牢记。拿日企来说，公司总部所在地、公司在业界的地位、

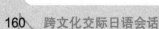

中国分公司的分布等等，应该尽可能地去调查清楚。面试的时候可能不会问这些问题，在自由对话时间里，我自己知道的信息说出来，则会让人觉得自己有去关注该公司，因此给人以好感。其次，事先调查公司在福利方面的情报，这样自己也可以适时提问。如果有前辈或者熟人在该公司工作，也可以直接问他们相关情况。

让人意想不到的是，应聘者很容易忘记自己在简历中写的内容。尽管是自己写的，但是面试的时候被问到兴趣是什么的时候，居然有人回答出完全不同的答案。自己写过的内容要事前回顾一下，回答问题的时候要说出和简历一样的内容。另外，有人曾经把应该发到A公司的简历错发到B公司，要注意避免这种情况。

面试的时候会被问到什么问题，要到了现场才能知道。事先可以准备一下可能会被问到的问题，练习一下回答。还可以在脑袋里模拟一下从敲门开始到离开的整个过程，心情可能会放松一些。

＜面试当天的仪容仪表＞

不管一个人拥有多么丰富的经历和优秀的学历，面试当天的着装若是给人以不良好的感觉，就会糟蹋一切。一般来说，面试时的服装都是相似的，没有个性是自然的。面试官不是看服装或仪容仪表来判断的，反过来说，面试官的任务是，在众多着装相似的人当中选出自己需要的人才。所以不用担心服装没有个性，只要是适合面试的就可以了。

首先，面试当天要提早起床，在镜子前好好端详自己的脸。男性的话，要检查一下胡须有无剃干净。有的女性会在意戴眼镜可能影响美观，实际上这对面试的影响似乎很小。如果选择隐形眼镜的话，在面试之前有必要适应其戴法。有这么一种说法：最不清楚自己的脸的人是自己。虽然如此，自己的表情还是要注意一下比较好。笑的时候，眼睛和嘴巴等都是别人容易留意的地方。

服装方面，男性穿着白色衬衫、黑色或藏青色的西装，女性穿着白色衬衣、一般避免穿颜色鲜艳的西装。虽然并不是要求所有人都得穿得一样，但是简洁大方是需要注意的。新买的衬衫没有熨烫而皱皱巴巴、白色衬衣带有黄渍，这些不足都很让人惋惜。服装简洁与否比高级与否来得更重要。即使是流行的款式，在杂志上异军突起的着装、过多显露肌肤的着装等，也要尽量避免。

发型方面，最近前往日企面试的女性中，头发染成棕色的人数在增多。女性这么做是没有太大关系的，但如果是男性以棕色的头发去面试，则不太能被接受。头发虽然是黑色的，但是发型塑造用品使用过多，导致发型过于时尚，反而给自己减分。要记住发型也应该追求简洁大方。

化妆应该是女性更在意的地方吧。在日本，不化妆的话则显得没有精神，还被认为是一种不尊重对方的行为。化妆是一个社会人理所应当的行为，过度化妆或者毫不化妆，都是不合适的。面试的时候淡妆上阵会比较好。特别是去日企的面试，西装打扮却不化妆，可能会给人不协调之感。平时不化妆的人可能会对这个产生抵抗，但是进入社会之后，女性都会渐渐地化起

妆来，所以可以把面试的化妆看作是第一步。平时不化妆的人在面试前可以稍作练习，买化妆品的时候多听取别人的意见。对于面试来说，流行的妆容或者是颜色浓艳的口红等等都不适合，能使人的脸色看起来更精神的淡妆就足够了。化妆应该在追求自然上多下工夫。另外指甲油应选用浅色或者透明的款式，避免使用颜色浓艳的。

鞋子要与西装搭配，鞋子不必追求高级，只要合穿舒适即可。女性一般穿有跟皮鞋。不少人穿不惯，到面试会场前因为鞋子磨脚而导致双脚疼痛。因此，如果确定了面试，不管是男性还是女性，建议多次试穿皮鞋，尽量习惯穿着皮鞋走路。携带的提包大小要合适，可以平整地放入简历或者A4纸大小的文件资料为好。女性如果是背体积较小的肩包的话，应该另外携带一个A4纸大小的文件夹为好。

<严守时间>

无论是谁见到面试的时候迟到，都会认为「应该不能进这家公司吧」，但其实罪恶更深。如果前一天晚上因有事不能去面试，也许会给人不好的印象，但也可以事前先通知对方。但是当天即使是身体不舒服，塞车，地铁突然停止运转，也不能改变迟到的事实。也就是要预定好充足的时间出发，要是早到了可以练习一下面试，要带着这样的想法出门。非常有必要提前查好去面试场所的路线。

<群面>

虽说是面试，现在已经不是局限于一个人面试了，很多公司都采用小组讨论的方式。对于面试方公司来说，这是能够同时比较几个人的方法，而且工作不是只由一个人来做的，这也是能够测试出面试者有没有体恤对方的意识及对他人的态度如何的一个测试方法。在小组讨论里，想到什么就说什么，不听取他人的意见的人当然是不行的。但是只顾听别人的想法，总是提出消极意见的人也是不行的。态度适中，也就是说表达意见的时候很庄重，同时听完对方的话后才表达自己意见的人是比较合适的。不能对别人说的话随便挑毛病，应该大方地对待和自己意见不同的人。

第十一课 生日派对 <参加社交聚会的礼仪>

被朋友邀请去参加派对或是非正式的饭局的时候，总会在相应的场合里遇到很多不认识的人。首先要考虑好自己是和谁一起来的，是谁的介绍之下来到这里的，要充分尊重朋友的立场。要是朋友介绍你的话，要主动地打招呼。可能会遇到和第一次认识的人不知道要说什么的情况，在那时候，要注意绝对不要突然问人家有关隐私的问题。

<突然问起显得失礼的问题>

　　*你有恋人吗？

　　*你结婚了吗？

　　*你多大了？

　　*你是什么时候出生的？

*你喜欢什么类型的男生・女生呢?
*你在哪个公司工作?
*能拿到多少工资呢?
*你正在找工作吗?

在谈话的过程中,你会渐渐明白对方会对什么话题感兴趣。聊过各种各样的话题之后,再聊到恋人的话题当然没有关系。只是刚见面就突然聊男女的话题,也许会让人觉得你来这里的目的就是为了找恋人。

<不得罪人的话题>
*您的家乡在哪里?
*您做什么工作?
*您的专业是什么?
*您的兴趣是什么?

自助餐派对是指

原本自助餐派对的最大目的就是让客人、朋友和主人之间能够畅谈。不和任何人说话只顾着吃,在同一个地方一直发呆都是违反规定的。要积极地和初次见面的人交流。

此外,会有很多人拿着食物和饮料走动,因此时常注意周围也是非常重要的。

自助餐派对的禁忌

那么,自助餐派对有什么禁忌呢?

一边走动一边吃

虽说会场里可以自由走动,但是不能一边走一边吃东西。吃东西应该在停下来之后进行。

在取餐区附近站着

在取餐区附近说得很起劲或是吃东西的话,会给拿食物的人造成不便。要是太忘我的话,会变得无法判断自己到底在哪里。

因此,请把注意力分点给自己的周围。只有这样,你才能判断自己到底有没有给别人造成不便。请在远离取餐区的地方说话。

突然停下来、回头

请别忘了很多人手里拿着碟子或饮品。小心避免与别人发生碰撞而弄翻食物。

坐在椅子上、把东西放在椅子上

会场两端摆放的椅子是为那些感到疲惫的人、或年长的人、又或是行动不便的人准备的。一般情况请不要坐在椅子上。请别忘记这是站立用餐的聚会。

帮朋友取食物

自己的食物自己取是既定规则。同时拿多个碟子是不礼貌的行为,请注意。

往碟子盛大量的食物

取食物的次数并不受到限制,因此每次取食物的时候请按照食量来定。碟子若有食物剩下是不礼貌的行为。

取食物的顺序是?

取食物时请先从冷盘开始,再依次到摆放好的食物。

一般来说,食物会按照以下的顺序摆放好:

- 前菜
- 汤
- 鱼类
- 肉类
- 沙拉
- 点心

所盛的量应占碟子大小的七成左右,所盛的品种以2~3种为宜。盛食物的时候与其一次堆得像山一样,还不如每次少量再多盛几次来的大方。

拿杯子和碟子的方式是?

移动的时候以单手抓持可显得动作潇洒漂亮。

用拇指和食指轻捏杯子,剩下三指由下方支撑碟子。刀叉等餐具夹在无名子和小指之间。碟子和杯子举至与胸等高位置。

穿着携带方面需要注意的地方是?

请穿着行动方便的服装,避免携带需要手拎的包。

建议穿着舒适的连衣裙等,以及穿戴华丽显眼的首饰或者围巾等。因为双手需持碟子或者杯子等餐具,携带的包最好是不需要手持的,例如肩背式。

鞋子方面,带有适当高度的鞋跟并穿着感到舒适的为好。虽然有很多人会穿着平时不穿的鞋子去参加聚餐,但是整个过程要一直站着,如果弄得双脚疼痛可就划不来了。尽量还是穿比较舒适的鞋子吧。

第十二课 参观学校〈接待礼仪〉

带人游览自己熟知的地方的时候,有很多要注意的地方。首先,要认真考虑对方是什么人以及游览的地方时间、地点等。在这里,我们要认真考虑一下与人接触时的必要礼仪。

〈交换名片〉

第一次和对方见面打招呼的时候,即使不是生意场合,也会交换名片。也许你会突然收到对方的名片,此时为了防止手足无措的情况,我们还是事先做好准备吧。

① 一只手拿着名片,用另一只手辅助拿着名片,正面向上递给对方。这时要自报社名(学校名)・部门名(学科名)・全名等,如「〇△商事 第2営業部(〇△大学 日本語学

科）黄晓明　と申します」。同时为了显示自己的谦虚，要从比对方递过来的名片位置低一点的地方递过去。

②同时互递名片的时候，互相之间用右手递名片，用左手接名片。接过名片之后，马上用右手辅助拿着名片。结果对方的名片的时候，也要说「頂戴いたします。よろしくお願いいたします」。

此时，要是能加上「珍しいお名前ですね。何とお読みすればよろしいでしょうか」「素敵なお名前ですね」等话语，也能起到缓和气氛的作用。

③收到名片以后，不要马上把它放进名片夹里。在名片夹上排好后拿着，要是有带有桌子的会客室的话，就座以后以名片夹上面放名片的顺序整理好。

整理名片的时间要根据现场的氛围来判断。大部分的情况下，把放在桌子上的名片放进名片夹里要在会面、商谈差不多结束的时候进行。要是很多人一起的情况下，整理名片的时间要是和周围的人一起配合好的话，那就没有问题了。

有好几个对象，不能一下子全部记住他们的名字的时候，按照他们坐的顺序，把脸和名字相对应，就能轻松记住了。

<座次>

判断座次的关键有好几个，作为大原则首先要记住的是「离入口比较远的是上座」。

日式房间的情况下，背靠壁龛的位置是上座。没有壁龛的话，和会客室一样，离入口比较远的座位是上座。

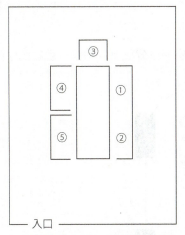
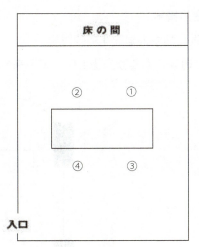

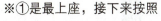

※①是最上座，接下来按照②、③…的顺序敬意降低。

在会议室里，以议长席为中心，离议长席近的坐席就是上座。

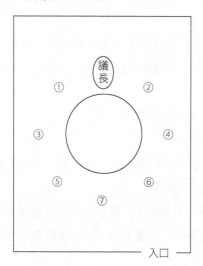
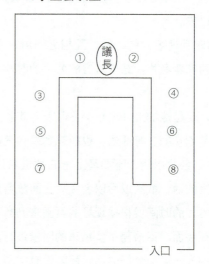

<交通工具的座次>

在车上，根据谁来驾驶车辆来改变座次。

☆ 出租车或是带有司机的车的情况下

这个时候，驾驶座后面的那个座位是最上座。接下来是副驾驶座后面的那个座位，然后是后座中间的那个座位，副驾驶座是末座。

但是，并不是所有人都在同一个地方下车，要是有人中途下车的话，要先确认顺序，采取随机应变的措施。

☆ 汽车的主人驾驶车辆的时候

这个时候，副驾驶座是上座。接下来是驾驶座后座→副驾驶座的后座→后座的中间座位。

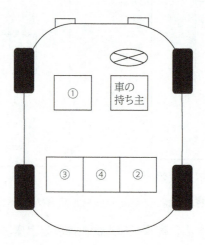

☆ 火车或飞机

在交通工具里，行进方面的窗边的位置是上座，过道旁的位置是末座。座位要是3个并排的话，中间的位置是末座。但是有个人的喜好，根据座位顺序问问对方也可以。

第十三课　介绍朋友 <敬语的使用礼仪>

对于多数日语学习者来说，敬语的表达是最头疼的一个难题。最近，即便是日本人，能准确而流利地使用敬语的也变少了。

日语中的敬语，大体上分为"尊他语"、"自谦语"和"郑重语"，每一种都有各自的用途，在具体的使用上，关键是要辨清说话者和听话者之间的身份地位关系。不管和对方的关系如何，在初次见面的时候一般来说需要使用尊他语。具体的语言选用会因对方和自己的亲属关系而有所不同。家人、亲戚或者是同事一般算作亲密的关系，例如，在公司接电话时，告知对方上司不在应该使用自谦语，"○○（上司的姓）は、ただいま席を外しております。"对关系较亲近的人，也不会用到尊他语"ただいま席を外していらっしゃいます"这样的形式。

另外，即使是同一种会话场景，也会有公共场所和私人场所的区别，用口语还是书面语都要根据情况来选择，十分繁琐。

若是在放松的场合下胡乱使用敬语，反而会给人死板、沉闷的感觉，不易于双方关系的发展，因此需要恰当地使用。敬语，原本就是一种出于尊重对方、考虑对方和体谅对方而产生的表达，向对方传达敬意则可。但是，敬语在公共场合和商务场合是必需的，因此让我们首先参考以下的解说来掌握正确的敬语使用方法吧。

第十四课　送别 <送别的礼仪>

<餞別とは>临别赠予物是指搬家、转校、转职、长期旅行的时候，带着「新しい環境になっても今まで通りお元気で」「これからもよろしく」的意思，给对方赠送在迁居地也能使用的物品、金钱等。在欧美，虽然有饯别的习惯，但却不会在饯别的时候赠送金钱。

<餞別は実用品>朋友或是受过照顾的人要搬家的时候，一般用饱含自己的感谢之意的现金、物品来饯别。拖鞋、桌布和围裙等实用的东西是常用的物品。搬家的时候，一般搬运不是很麻烦、不占地方的东西比较受欢迎。包装的时候，要在印有红白结绳的礼品纸上写上「餞別」「はなむけ」等。给上级的东西要是写「餞別」的话是不礼貌的，这时候要写「御礼」。要是收到了饯别礼物，要回寄自己平安无事到达新地方和新公司的感谢信。通常来说不用回送饯别礼物。

日本人在国内买特产的时候，20年前的话，陶器、玩偶等很受欢迎。但现在，便宜、轻便、体积小的东西比较受欢迎。但是来日本旅游的外国人大部分给家里人买的特产都是陶器、玩偶等。因为这些东西最具日本特色。

【送别会的礼仪】

虽说是「送别」，还是有各种各样的情况的。有调动工作、离职、毕业和回国等情况。这里列举的是被派驻到中国的日本人要回日本的这种归国送别，是以将来很难再见为前提的悲伤

的送别会。所以，首先要记住的是这和平常的快乐的聚餐是不同的。总之，主角是至今为止你受过照顾的人，应当谨言慎行。此外，出席送别会应当会有主角的亲人，当然不可能只是你认识的人。你也应当记住这一点，采取谨慎的行动。无论如何，主角是要归国的人。无论是什么话题都要以主人为中心。

<送别会的流程>

1. 开幕词　主持人：「それではこれより、高橋和夫部長の送別会をとり行ないます。」
　　　　　　　　　「それではこれより、高橋和夫さんの送別会をはじめます。」等
2. 致辞　主持人：「まずはじめに、○○部の山本部長より、ひとことご挨拶をいただきます。」
3. 干杯　主持人：「それでは、これより乾杯の音頭を山本部長にお願いしたいと思います。お手元のビールのご用意をお願いいたします。」等
4. 吃饭
5. 送别的人「送别致辞」
6. 赠送纪念品和花束　赠送的人要一边送，一边说。

「お疲れさまでした。」
「お世話になりました。」
「ありがとうございました。」
「お元気で。」
「ご活躍をお祈りしています。」等

7. 被送别的人感言
8. 高呼万岁三次　送别的代表：「○○さんのご健勝と益々のご発展を祈念いたしまして、万歳！万歳！万歳！」等
9. 闭幕词　主持人：「まことに名残はつきませんが、時間になりましたのでこのへんで」

【送别会的拍手】

拍手的话，基本上都是三次拍手，让我们按照这样的节奏做吧。为了祝福主角要展开新的生活，三次拍手的节奏按照3、3、7会比较热闹。日本自古以来，就有认为3、3、7的节奏是热闹的传统，是最有热闹的。

1. 送别会的兆头

在送别会上，为了祝福荣迁的人的将来，一般会打一次拍手或三次拍手。

2. 致辞

○为了祝福本幸一郎的将来，让我们来做三次拍手。
よ～お、ぱぱぱん、ぱぱぱん、ぱぱぱぱぱぱん。再来两遍。

3. 致谢

非常感谢。

附录三　专栏

第一课　访问日本人家庭

面子和脸

不论是在中国还是在日本，汉语中的"面子"和日语中的「メンツ」都被作为相同的意思使用着。除了像「メンツを立てる（给面子）」，「メンツが丸つぶれになる（面子全丢了）」这样的，还有很多其他相同的表达方式。日语里，「メンツ」一般可以和「顔」互换，汉语里的"没面子"可以直接译为「顔がない」，也就是说这两种语言中的"没面子"是共通的。但是，汉语中的"面子"和"脸"是不能够互相替换的，说"没脸"的话表达显得不自然，应该要说"没面子"。虽然两者的确都是"脸"，但使用方法还是有差异的。

日语中的「顔」有许多有趣的惯用表达。「顔」既能卖又能借（「顔を売る」意为"扬名"、「顔を貸す」意为"替人出面"），这里「顔」也就成了"名字"的意思了。

第二课　日本餐厅

「使人不快的筷子用法」

吃饭的时候，容易引起别人的不快、给人不干净的印象的筷子使用方法

- 舔筷……用嘴去舔附着在筷子上的东西。
- 架筷……用两根筷子传递东西。让人想起火葬之后捡回死者骨头的动作，不吉利。
- 回筷……用筷子夹了食物，却把食物放回去。
- 插筷……夹的时候，把筷子插在食物上。
- 举筷不定……举筷的时候，不知道要吃什么。
- 私筷……用自己的筷子把大盘里的食物分开。
- 握筷……死死地握住筷子的用筷方法。

●双筷……两个人夹同一个食物。

吃剩食物…在中国，吃完食物就意味着不够吃，所以把食物吃剩是礼貌的做法。但是在日本，把食物吃剩是食物不好的意思。

第三课　学做中国菜

「ドキドキ」和「ドキッと」

日常会话中经常用到的表达，反而是那些能给对话带来韵律感的拟声词和拟态词。像「あー、お腹がペコペコだ」「お腹がグーっていってるよ」这样的，比只是简单地说「お腹が空きました」更能表现具体的情况，可以说是一种直接告知对方的表达方式。

如果错误使用拟态词则表达不了确切意思。总有这样的时候，在这个地方很想找一个恰到好处的词。比如这个常用的例子，虽说「ドキドキ」と「ドキッと」都是「ドキ」，但它们的使用方式不同。「スピーチ大会で大勢の人の前に出たときドキドキした」，这个「ドキドキ」要表达的是，在演讲比赛结束之前由于紧张而导致的一种一直持续的心跳加快的状态，也就是一种"持续的"状态。其中，演讲结束后评委开始提问，心里还是继续蹦蹦跳的时候，被某评委问了预想之外的问题。遇到那种状况的话，应该就会「ドキッと」。在听到问题的那一瞬间，会想"哎呀，为什么会问那样的问题呢"，「ドキッと」要表达的也就是在那一瞬间感到了惊讶和焦急的状态。

如果能熟练地运用拟声拟态词的话，对话会变得更加有趣。希望大家能对比着中文，以享受的心情来学习它们。

第四课　探病

治疗感冒的偏方

在中医里，感冒的病因被分为了六邪。风、寒、暑、湿、燥、火这六气是自然界六种不同的气候变化。根据其变化而引起的病因分别被称为风邪、寒邪、暑邪、湿邪、燥邪、火邪。

由于风在春天吹得比较多，被称为是春天的主气，但是四季都会出现。风和寒、风和湿、风和燥、风和火结合，就会成为病因。发病期和病状会由于病因以及其比率的不同而不同。在这里，我们列举一些偏方，大概分为三类介绍一下。通常认为，风和寒结合就叫做「風寒」（ふうかん），和热、燥结合就叫做「風熱」（ふうねつ），和湿结合则叫做「風湿」（ふうしつ）。

感冒的中医分类

	病因	症状
风寒	风和寒引起的体表和肺功能的破坏。	冬季等寒冷的季节较常见，夏天吹空调也容易引起风寒。常见的症状有发冷、畏寒、流清涕、头痛、肌肉疼痛、关节疼痛和发热等。
风热	风和热引起的咽喉和肺功能的破坏。	夏季等温暖的季节较常见，冬天吹暖气也容易引起风热。常见症状有喉咙肿痛、鼻窦干燥和有炎症、口渴、流涕、痰液粘稠等，甚少畏寒，易发热。
暑湿	暑热和湿气引起的肺和脾胃消化功能的破坏。	温和湿气较高的夏季较常见。头胀、全身疲乏、恶心、呕吐、腹胀、食欲不振等胃肠道症状。有时过度地摄取冷食会不分季节，引起暑湿。

感冒的治疗原则

	治疗原则	食物·药草
风寒	辛温解表	生姜、大葱、大蒜、紫苏叶、酒、陈皮、桂皮
风热	辛凉解表	萝卜、梨子皮、白菜根、牛蒡、豆酱、葛根粉、菊花、金银花、薄荷
暑湿	清暑祛湿	苦瓜、西瓜、绿豆、薄荷、金银花

第五课　温泉旅行

あとの祭り

汉语里有这么一句成语：船到江心补漏迟（船到了江中才去补船身的洞，已经来不及了）。意思是错失良机，为时已晚。另外，也指在发现失败的时候，后悔也来不及了。日语里「あとの祭り」这一句，指的是在祭礼结束之后才去观赏，就没意思了。其中的「祭り」来自京都有名的"祇园祭"。

祇园祭在7月17日至24日间举行。在17日，伴随着祇园器乐队的演奏，将会有十多台花车开出，这称作「前の祭り」，是祭礼最精彩的地方。到24日，花车便开回原处，这个称作「後の祭り」。在祭礼结束之后，花车和祭礼的用具就没有作用了。前文所说的「あとの祭り」的意思似乎是从这里来的。

第六课　游览家乡

你吃药吗？

中国人学日语和日本人学中文，比起其他国家的人学这两种语言，经常被认为是比较有利的。可以说是多亏了有汉字。即使是不懂中文的日本人，看中国的报纸的时候，只要看汉字，多少也能明白写的是什么内容。反之，不懂日语的中国人看日本的杂志的时候，跳过平假名和

片假名，只读汉字就能明白意思是一样的。即使是同样的汉字，「新聞」在中国是「ニュース」的意思，日语的「新聞」在中国是「报纸」的意思。像这样使用同样的汉字，意思却不相同的词语经常被人列举出来，典型的例子是「勉強」吧。

但是，不仅是意思的不同，注意这个国家的人的感觉表达方式的不同是更重要的。例如，中国人说「薬を食べる」（吃药），如果就这样直接用日语表达「熱がかなり高いよ、薬を食べた方がいいよ」，那发烧的朋友也许会认为「中国の解熱剤って箸を使って食べるほど大きいのかなあ」。在日本，药无论是怎样的形状都是使用「飲む」。即使那种药是要咬来吃的，也是「飲む」。这种感觉的不同，即使是日本人学中文的时候，也应当记住。一想到中文里，连煎好倒入碗里的中药都用「食べる（吃）」，真是觉得不可思议。下面列举日本人所感觉的中日汉字的意思和人的感觉的不同的例子。

<打开电视机>

正确来说是「テレビをつける」。受中文「开」的影响，把它当成跟开窗一样的话，是错误的。像「クーラーをつける」「部屋の電気をつける」这种，使用电器产品的时候，主要是用「つける」。「テレビを開ける」是指「テレビが故障してしまい修理するために工場へ持っていって中の部品を見るために開けて中を見る」的意思，从原意来看是完全不适合使用的。

<坐公车>

「バスに乗る」才是正确的。从日本人看来，这是不可思议的表达方式。「座る」这个动词是「腰を下ろす」的意思，无论是椅子还是地板，总之就是在一个地方弯腰蹲下的意思。在中国，无论是飞机（坐飞机）、船（坐船）或地铁（坐地铁），都使用「座る」。即使是高峰时段坐地铁，已经没有位子了，大家因此要挤得密不透风，中文的动词还是「坐」，特意地说「站着乘车」的中国人是没有的。

<做作业>

做作业，中文的「做」翻译成日语的时候，有时会翻译成「する」，也有翻成「作る」「行う」「やる」的。「宿題をする」是指把老师布置的课题在下次上课之前做完并交给老师的意思。「宿題を作りました」是指有人一边说着「家で宿題として出す問題を考えてきたからみなさんがやってください」这句话，一边把想出来的问题写在黑板上或是分发印有问题的资料的情景。也就是说做这个动作的人不是说话人，而是对方。

第七课　留学签证和海关

"重规矩的日本人和重感情的中国人"

在日本规矩十分受到重视，不管有哪种理由，规定不行的事情就明确地说"不行"。但在中国，虽然规矩也是很重要的，但是有时候会优先考虑感情。与日本相比，在中国"我很明白

你的心情。那么，这次就这么算了吧。"这种让人感到体贴的情景更多。相反，在日本，人们重规矩比较少讲感情，守规矩的人能得到周围的信赖。比如说，遵守规矩的司机，其驾驶证为金色卡（没有违反交通规则的优良驾驶员），根据制度可减短其驾驶证更新时的定期学习的时间、并享受优待。重规矩好呢，还是重感情好呢，这都会因国家各自的情况而不同。那么比较来看，我们可以重新认识各自的民族性，这有可能成为一个有意思的话题呢。

第八课　情感天地

郷に入っては郷に従え

　　日本是个很小的国家。即使这样，就像「十里不同风，百里不同俗」说的那样，各地都有自己的特色食物和传统的习俗。这个词是「入乡随俗」的意思，作为生活中的智慧，经常被使用。

　　以后在接受异国文化的过程中，必要的时候就要「郷に入って郷に従う」。但仅仅这样做是不够的，要充分地理解文化的不同点，互相沟通彼此的不同点，也许就能跨越沟通过程中的障碍了。

【例文】
A子：我听说在日本，吃饭之前总是要说「いただきます」呢。
B夫：入乡随俗，所以说你去日本的时候也不要忘了说「いただきます」和「ごちそうさま」。
A：暑假的时候，去印度旅游了一个月。
B：啊，但食物和风俗习惯和我们很不同哦，不太顺利吧？
A：嗯~，但入乡随俗学着去适应的话，就会很开心。我还想再去一次呢。

第九课　商务电话

鬼

　　不管在中国还是在日本，"鬼"都是使人惊吓的东西。但即使是同一个"鬼"，在中文里的意思和日本人想到的"鬼"是不同的。日本人听到"鬼"，第一个想到的可能是被桃太郎击退的"鬼"，或者是在立春前一天一边说着"鬼外福内"一边被人们撒豆驱赶的"鬼"。"鬼"，和人一样两脚站立，身体颜色或红或蓝，双目凸出，头发凌乱，平时干一些欺负人的事。

　　中文里的"鬼"，所指的范围比较广，有灵魂、妖怪、怪物，连恐怖电影都被叫做鬼片。换言之，中文里的"鬼"和日文里的「おばけ」更相近。因此，中文的"看了鬼片以后因为怕鬼而不敢上洗手间"，跟日文的「ホラー映画を見たからお化けが怖くてトイレに行けない」

的意思是差不多的。

中文里"鬼"可以有"胆小鬼"、"贪吃鬼"的说法，而在日文里，要翻译成「臆病者」「食いしんぼう」，中文里"鬼"的那种独特的趣味无法表达出来。

再有，日文里的"鬼"在众人心中有着一个共通的形象：一副或红或蓝的恐怖的脸、穿着虎皮的短裤、挥舞着铁棒追赶着小孩子要把它们吃掉。可能是因为这个原因，日文里有着很多中文没有的含有"鬼"的俗语。

【鬼に金棒】如虎添翼

例）あのチームにあの選手がトレードされたんだから、鬼に金棒だね。

【鬼の目にも涙】即使是像鬼一样冷酷无情的人，有时也会心生同情。

例）あの事故で奥さんが大怪我したとき、さすがにあの威張りくさったご主人も大泣きしたそうよ。鬼の目にも涙ね。

【渡る世間に鬼はない】人世间总有好人

例）携帯をタクシーの中に忘れちゃって、あきらめていたのに、さっき警察から連絡があって

届けてくれた人がいたんだって。わたる世間に鬼はないって本当だね。

【鬼ばばあ】不修边幅、大声叱喝像鬼一样可怕的妇女

例）結婚する前はあんなにおしとやかだったのに、いまじゃすっかり鬼ばばあになっちゃった。

あーあ、家に帰りたくないなぁ。

第十课　面试

不好意思

在字典里，标注的是「表达道歉和感谢的心情的寒暄语」。但是，「すみません」这个词本来道歉的意思比较强。「すまない」是「澄む」这个词的否定式，表示「心情不好，不畅快」，把「すまない」讲得恭敬一点就是「すみません」。

现在的这个含有感谢的意思，据说是从"没有什么可以回礼的，不好意思"的说法而来。像「すみませんが●●してください」「ちょっとすみません」这些拜托别人和召唤的时候使用的「すみません」，通常被认为含有轻微的道歉的意思。

A：「这是入学贺礼，收下吧。」
B：「谢谢，太不好意思了。让你这么费心。」
A：「不好意思，请让我从后面穿过去好吗？」

第十一课 生日派对

小心「あなた」

刚学习日语的时候，相信很多人都曾经把各个代名词套入「私は中国人です」这个句型里去使用吧。「わたし」后接着「あなた」，再接着是「彼」「彼女」。这是在学习语法时必经的步骤，没有其他的办法。但是实际上两个日本人在说话时，除了特别场合之外，一般都不使用「あなた」。两个人的场合下，实际上是不需要用到「わたし」或者「あなた」的。那是因为就算不用「わたし」或者「あなた」，双方也能明白各自的意思。在两个人说话的情况下，只要不是特殊情况应该不会不知道对方的名字吧。因此叫对方时，并不说「あなた」，而是称呼其名字，或者用「ねえ」「あのさあ」等来引起对方注意，这样的说法才是自然的。如果对方是比自己年长或者是上司的话，称呼其「社長」「先生」等身份或者职务名称是比较合适的。

学日语的人应该都知道，「あなた」的除了表示"你"之外，还有"老公"之意。因此女性对于非"老公"的男性，都会避免使用「あなた」。如果使用错误的话，反而两人的关系可能会显得疏远。批评某人、投诉某人的时候，会经常当面称呼其「あなた」。因此，如果对平时没有称呼其「あなた」的人突然用「あなた」的话，那人就会疑问"为什么他会对我说「あなた」呢"。在日剧里经常有「あなたのそんなところがいやなの」「あなたはわたしのことどう思ってるの？」这样的表达，这时使用平常不用的「あなた」，具有有效地向对方传达自己想法的作用。

除了单数的"你"，要表示复数的"你们"的场合时也需要留意。在把"你"简单地翻译成「あなた」之前好好地想一想「あなた」在日语中的意思吧。应该不会有把打招呼的"你好"直接翻译为「あなたいいです」的人吧。

需要注意的说法

【「あなたたち」「あなたがた」】→「お二人」（对方是两个人的时候）「みんな」「みなさん」（三个以上）

例文）「あー、やっと来たか、遅かったね、みんな。もう２０分も待ってたんだよ。」

【「彼ら」「彼女たち」】（相识的人）→　「〇〇さんたち」（称呼时带上对方其中一人的名字）

例文）「今度の土曜日のカラオケ山田さんたちも来るって。」

【「彼ら」「彼女たち」】（不熟悉的人）→「あの人たち」

例文）「私たちは車で行くけど、あの人たちはどうやって行くのかなあ。」

【「彼」】→「〇〇さん・くん」「あの人」「あの子」（根据和说话人的关系亲疏而有所不同）

【「彼女」】→「○○さん・ちゃん」「あの子」「あの人」（根据和说话人的关系亲疏而有所不同）

第十二课　参观学校

严格实际上是幸运

　　要是问现在的中国年轻人"听到「日本」这个词，你最先想到的是什么"，大概都会回答「漫画」「动画」吧。日本的漫画不仅有趣，而且还能从内容中学到做人的道理，同时动画片是不同年龄层的人都可以共享的。虽然有些保护者说「太暴力了」，但大部分都是很好的作品。

　　但是，日语学习者从漫画、动画里学习日语的时候，有需要注意的地方。那就是把动画、漫画、电视剧里面的句子直接地在实际生活中使用。对以日语为母语的日本人来说，总是记着「在这个时候，不能这么说」。无论最近怎么批评日本人不使用敬语，和朋友说话时的话语及和上司说话时的话语都是不同的，这是谁都知道的常识。

　　一进教室，学生对老师说「先生、おはよう」，老师则会有礼貌地回答「○○さん、おはようございます」，这种情况非常常见。要是日本人的话，对老师一定会说「おはようございます」。但是，在漫画、电视剧里确实是有「先生、オハヨ～今日もかわいいね～」的表达方式。实际上，也许是有使用这样的说法的日本人。但你要是想说一口好的日语的话，也就是说不仅是为了一个人的日语，而是和任何人都可以顺利沟通的日语的话，那就尽量有礼貌的说话。

　　社长从总公司来到了某个女学生做兼职的公司（分公司）。由于社长的东西很多，女学生善解人意地说

　　「荷物がたくさんあるようですから、受付に預けたほうがいいんじゃないか。」

　　按照从教科书上学到的山田和田中的对话「～したほうがいいんじゃないか」，对社长用了这样的说法。听到这样的说法，据说社长对女学生说「あんたは3年間いったいどんな日本語を勉強してきたんだ」，痛骂了一通。女学生虽然很恨在众人前这样骂自己的社长，后来忽然有所顿悟。那就是至今为止还没有人这样提醒过自己。从那以后，自己都非常留意自己使用过的话语。这样说到底对不对，对对方来说会不会失礼，都慎重考虑过后才说。后来，她觉得自己的日语跟以前相比，柔和了很多。这真是一个非常好的例子。

　　要是身边有对你说「そんな言い方合ってないよ」、「そんな言い方古すぎるよ」的日本人，你应该感到庆幸有人可以这样纠正你的错误。

第十三课　介绍朋友

【以心传心】「眼睛会说话」

正如文字表现的那样，用心去传达自己的心意。不用言语双方就能自然地互通心意。

根据「传灯录」，本来是佛教用语，在禅宗里面，是用来表示用语言无法表达的心理，是从把微妙的东西从心传递向心这句话「心を以って心に伝う」而来。

「以心传心」可以说是日本人沟通的重要特点。由此产生了体恤对方的状况、心情的表达方式。经常使用「配慮表現」「前置き表現、間接表現を使った談話」等表达方式正是诞生于这样的背景。

反之，在商业社会，出于自身的责任以及说明的责任，好像更倾向于清楚地表达自己的意见。

【例文】：我和他已经认识了10年以上了，大部分情况下都能通过以心传心来理解了。

父：喂，那个……
母：那个是吧。好，给。
子：你们只要说"那个"就能明白了。
母：那是因为我们一起生活了20年了。以心传心嘛。

第十四课 送别

「似たりよったり」「どんぐりの背競べ」

半斤八两

在中国，有「半斤八两」这个词。是指相比较之下，全部都很平凡，没有特别突出的地方。但是，比起实力相近这样的意思，经常作为"没有太大的不同""大同小异"的意思被使用。语源是来自「似たりたる者が寄たり」这个说法。

例文：

A子：昨天的联谊怎样了？

B子：呢……虽然来了五个人，但都半斤八两呢。

A：看了昨天的棒球吗？

B：嗯~昨天巨人队虽然赢了，但打得难分难解无法预料哪一对会赢呢。

类似表达……五十步笑百步/大同小异

著者略歴

劉勁聡（りゅう　けいそう）
広東外語外貿大学東方語言文化学院大学院研究科科長。
広東外語外貿大学東方語言文化学院日本語学部准教授。
日本国立福島大学大学院経済研究科修士課程を修了、東京の大手資格受験予備校（東京リーガルマインド）で6年間勤務を経て現職。日本滞在歴15年。
2003年から2006年まで、日本語能力試験広州地区総監督。
2004年から2006年まで、中国国費留学日本語会話試験広州地区総監督。
2003年から現在、広東省自学試験日本語会話試験官。
2003年から現在、広東外語外貿大学東方語言文化学院日本語学部二年生日本語会話授業を担当。

渡邉　直子（わたなべ　なおこ）
広東外語外貿大学東方語言文化学院日本語教師。中国滞在歴14年、広東語堪能。
獨協大学フランス語学科卒業後、美術館勤務を経て中国へ。
1995年より広東省広州市在住、以来市内の大学や日本語学校にて日本語教師として勤務。
広州での楽しい体験をもとにエッセイを執筆、香港の日本人向け週刊紙『香港ポスト』に2003年から6年連続連載。
2007年より広東外語外貿大学東方語言文化学院日本語学部二年生日本語会話を担当、現在に至る。
現在広東外語外貿大学中国語言文化学院にて漢語国際教育修士課程在学中、主に中日単語比較を研究。

橋本　司（はしもと　つかさ）
広東技術師範学院外国語学院日本語教師。中国滞在歴7年。

2000年より6年間、韓国ソウルにて書籍翻訳、教材録音、日本語教師などに従事後、2006年に来中し、広東省シンセン市の日本語学校での語学教師、上海外国語大学付属高校国際部での高校教師を経て、2008年より広州市在住、現在に至る。

2008年—2011年　広東外語外貿大学東方言語文化学院日本語学部日本語教師

2010年—2011年　広東外語外貿大学中国語言文化学院漢語国際教育修士過程を専攻、主に「中日同形語」について研究し、修士学位を取得。

2011年—現在　広東技術師範学院外国語学院日本語学部　各学年会話・聴解・総合授業を担当。

著作：『日語会話宝典』（著者・音声録音）香港/万里機構・万里書店2010年8月

野原　耕平（のはら　こうへい）
日本国創価学会本部国際室翻訳局中国語翻訳。中国滞在歴10年

2000年3月、日本国創価大学文学部外国語学科中国語専攻を卒業。

2004年6月、台北市私立中国文化大学哲学研究所で東洋哲学等を学び、文学修士を取得。

2008年6月、北京市中央民族大学の哲学宗教学科の宗教学博士課程にて、主に仏教の思想について学び、哲学博士号を取得。

2008年9月から1年間、広東外語外貿大学の日本語教師として勤務し、また各種スピーチ大会等での指導。

高橋　敬子（たかはし　けいこ）
日本彩虹プロダクション運営。1993年桜美林大学国際学部国際学科卒業後、国際協力に関わる非政府組織（NGO）にて勤務。出版社、フリースクール勤務ののち、2004年から2006年、中国雲南省麗江市職業高中学校日本語学科にて日本語を教える。2007年から2008年、広東外語外貿大学東方言語文化学院日本語学部日本語会話、作文の授業を担当。2008年日本帰国。現在、映像制作プロダクションにてテレビドキュメンタリー、ドキュメンタリー映画制作、団体広報ビデオ制作に関わる。

翻訳者略歴
李　列珊（り　れつさん）

2006年—2010年、広東外語外貿大学東方言語文化学院、日本語専攻。

2010年—2012年、広東外語外貿大学東方言語文化学院大学院日本語研究科、翻訳研究専攻。

2008年から　文学作品、ビジネス関連書類の翻訳を経験。

2009年から　日本語の逐次通訳と同時通訳などを経験。

2012年７月から現在まで　SPG China（精密機械業）で勤務中、会計監査部の日本語翻訳・通訳と総経理アシスタントを担当。

朱　萍（しゅ　へい）

2006年―2010年、広東外語外貿大学東方言語文化学院、日本語専攻。

2010年―2012年、広東外語外貿大学東方言語文化学院大学院日本語研究科、文学研究専攻。

2010年　広州アジア大会多言語通訳サービスセンター日本語通訳を担当。

2011年　ユニバシアード2011深圳大会記者会見の日本語即席通訳を担当。

2012年　AFCチャンピオンズリーグ　広州恒大×東京ＦＣサッカー試合記者会見の日本語即席通訳を担当。

イラストレーター略歴

趙子禹（ちょう　しう）

2010年　広東外語外貿大学東方語言文化学院日本語学部を卒業

2011年から現在、広州美術学院大学院美術教育研究科漫画専攻在学中。